IL MIO PROFESSORE

ROSANNA D'ANTONA

IL MIO PROFESSORE

Come l'incontro con un grande uomo
può salvarti e cambiarti la vita

PIEMME

Per l'immagine di copertina, l'Editore rimane a disposizione degli aventi diritto.

Pubblicato per

PIEMME

da Mondadori Libri S.p.A.

ISBN 978-88-566-7744-7

I Edizione ottobre 2020

Anno 2020-2021-2022 - Edizione 1 2 3 4 5 6 7 8 9 10

A Francesca, Anna Regina e Simon

«Nella tua vita avrai molti motivi per essere felice: uno di questi si chiama acqua, un altro ancora si chiama vento, un altro ancora si chiama sole e arriva sempre come una ricompensa dopo la pioggia.»

Luis Sepúlveda

Prefazione
di Paolo Veronesi

Ho letto il manoscritto di Rosanna la mattina stessa che me lo ha inviato: inizialmente solo per dare un'occhiata, poi con attenzione sino alla fine, senza staccarmi dalle quasi duecento pagine. E così ho rivissuto gli ultimi venticinque anni della mia vita attraverso gli occhi di una paziente, di un'amica, ma soprattutto ho rivissuto gli ultimi venticinque anni di vita di mio padre Umberto, almeno per quanto riguarda il suo impegno nel lavoro, nella politica, nel terzo settore. Percorso che mi sono trovato a condividere per larga parte, avendo fatto la scelta, tanti anni fa, di svolgere la sua stessa professione.

La lettura non è stata priva di emozione, culminata ovviamente nella descrizione del momento in cui lui ci ha lasciati. E così ho ripercorso l'inizio dell'attività dell'Istituto Europeo di Oncologia, cui mio padre ha dedicato tutto il suo impegno, dall'idea, al progetto, al successo. E Rosanna ne è stata una delle prime testimoni.

Portare avanti il programma di Senologia e la chirurgia senologica di questa struttura di avanguardia è per me la più grande soddisfazione personale. Ma anche la nascita di Europa Donna, di cui Rosanna ora ha il timone, grazie alla quale le centinaia di migliaia di donne con tumore della mammella hanno oggi maggiori tutele e diritti e grazie alla quale, inoltre, il nostro Paese è uno dei primi se non il primo al mondo per qualità e risultati delle cure.

E infine, la nascita della Fondazione che porta il nome di mio padre, che presiedo dalla sua nascita e che ogni mattina mi ricorda l'eredità culturale ma soprattutto etica che papà ci ha lasciato.

Il mio Professore, frase che ho sentito ripetere centinaia di volte per quella capacità innata di papà di far sentire ogni paziente "unica", è un volume che si legge di un fiato, che ci emoziona e ci arricchisce e che alla fine ci lascia con un ricordo sempre più vivo di un uomo che ha impresso un segno profondo nella cultura del nostro Paese ma soprattutto nell'anima di migliaia di donne.

1
L'inizio

Quando tutto va alla grande

Ero all'apice del mio percorso professionale, avevo due figlie di cui ero molto orgogliosa e che riuscivo a mantenere bene, nonostante fossi separata, e con le quali riuscivo a comunicare malgrado i turbolenti conflitti dell'adolescenza. Abitavo a Milano, avevo un cane, in casa c'era una tata che mi dava una mano. Funzionava tutto alla perfezione.

Ero, e sono tuttora, una persona organizzata: per questo motivo, nella mia routine avevo inserito un controllo periodico di screening mammografico da effettuare una volta all'anno, su indicazione del mio ginecologo.

Il controllo doveva essere periodico perché il tumore al seno mi aveva portato via una zia e colpito mia madre (poi vissuta ancora per molti anni).

Nel 1994 il mio controllo era fissato per il 15 giugno alle 17: si incastrava male nella mia agenda perché avevo altro da fare, ma tant'è. In generale, degli appuntamenti per la mia mammografia non mi ricordavo mai. Li facevo per routine, erano in agenda e stavano lì fermi, fino all'anno successivo. Di solito.

Sulla mia agenda, invece, c'era un gran viavai di appuntamenti con clienti, aziende, giornalisti e associazioni di consumatori. Avevo una mia società di relazioni pubbliche, con cui gestivo i rapporti tra le aziende e le Istituzioni, la stampa e i consumatori: l'avevo fondata anni prima e, dal 1991, un grande gruppo americano aveva rilevato parte delle mie quote perché credeva nello sviluppo economico del nostro Paese e nel bisogno di reputazione delle imprese italiane nel contesto internazionale.

Con il mio team (quasi tutte donne) eravamo in grande fermento per mantenere il passo con l'impegno che avevamo preso con gli investitori e con le opportunità che presentava il nostro Paese, ancora lontano dal sentore della crisi che sarebbe arrivata nel decennio successivo.

In quegli anni la mia agenzia aveva a che fare con il mondo ben rappresentato dal famoso slogan "Milano da bere": *apparire è più importante che essere*. Era un susseguirsi di eventi e feste ma, contemporaneamente, iniziava l'ondata di "Mani pulite". L'era Craxi stava concludendosi e il mercato poneva molta fiducia nella ripresa con la "Seconda Repubblica". La voglia di trasparenza serviva a tutti e la mia società si occupava di marchi importanti che cercavano nel nostro Paese riconoscimento, reputazione e un buon governo del sistema delle relazioni con i media, con gli *opinion leader* e con coloro che erano in grado di influenzare l'opinione pubblica. La mia agenzia faceva proprio quello.

Il 15 giugno stavo lavorando alla presentazione di un piano di comunicazione importante per un grande gruppo alimentare svizzero, con consegna l'indomani; non avevamo ancora terminato il documento e sull'agenda il mio controllo al centro diagnostico spezzava il pomeriggio. Allora non era facile lavorare da remoto, non c'erano connessioni, quindi si procedeva ancora con gli appunti e la ribattitura delle cartelle. Non avrei avuto il tempo per lasciare l'ufficio, fare la mammografia e tornare per chiudere il documento. Così, con Maria, l'amministratore delegato della mia società, decidemmo di andarci insieme. Avrei staccato un attimo per l'esame, ma intanto che aspettavo il mio turno avremmo potuto darci da fare.

Lavorare per me non è mai stato un peso, anzi. Ho sempre amato la mia professione e ho sempre avuto la fortuna di trovare persone con la stessa visione per il lavoro, la famiglia, la vita. Finire il documento in sala d'attesa era una cosa che ci poteva capitare e così Maria e io lasciammo l'ufficio – io in taxi, lei con il suo inseparabile motorino – dandoci appuntamento al centro diagnostico. Dovevo aspettare una buona mezz'ora prima che toccasse a me: un bel passo avanti nella stesura del nostro documento. Perfetto.

Arriva il mio turno: passo il fascicolo a Maria, così lei potrà continuare il progetto durante la mia assenza, e mi avvio. Entro nella sala visite, mi spoglio, conosco già il rituale: le istruzioni del tecnico, poi la macchina investigatrice, un po' invasiva, schiaccia i miei seni per vedere bene fino in fondo se c'è qualcosa da ispezionare. Mi fa male ma non importa: quel che conta è finire alla svelta. Fuori dalla porta c'è un bel progetto che mi attende nelle mani di Maria e voglio raggiungerla al più presto. Il mio pensiero è oltre la parete, non è con questo grande abbraccio di metallo di colore giallo-ocra, un po' freddo, scomodo e con quell'appendice che proietta su uno schermo le immagini del mio seno al radiologo dal lato opposto del vetro. Il mio corpo, il mio seno fanno parte della diagnosi, la mia mente è da un'altra parte.

Sto pensando a tutto, ma non al significato vero di ciò che sto facendo, all'indagine che qualcuno sta svolgendo sul mio corpo. Non mi sfiora nemmeno l'idea che da quelle ispezioni possano arrivare brutte sorprese e da lì conseguenze negative. Leggerezza? Sì, forse un po'. Incoscienza? Anche. Pensiero positivo? Senz'altro. Perché io veda il bicchiere mezzo vuoto deve esserci veramente solo una goccia!

Finita la mammografia, mi rivesto e torno in fretta nella sala d'attesa da Maria. Dobbiamo stare lì ancora un po' finché non mi comunicheranno quando potrò ritirare l'esito degli esami e fissare il prossimo appuntamento, tra un anno.

Il radiologo tarda a uscire: non ci faccio caso, tanto sto già parlando con Maria per capire quanto tempo dovremo dedicare ancora alla chiusura del documento.

«Signora, si fermi un attimo...»

Si apre la porta. Esce il radiologo: "Bene," penso "adesso ritiro e possiamo andare!". Invece mi dice: «*Signora, si fermi un attimo, dobbiamo fare un ulteriore controllo...*».

Guardo Maria negli occhi e capiamo in un lampo che il radiologo non vuole solo fare due chiacchiere con me. È una doccia gelata: il suo volto non è teso o preoccupato, ma è chiaro che quel suo «si fermi un attimo» non si può discutere e che c'è qualcos'altro da fare. È quello il momento in cui entro finalmente in contatto con il centro diagnostico, con il motivo per il quale sono lì, con il significato di quell'indagine ulteriore, mentre il documento da completare passa in decima posizione. Prima devo *fermarmi un attimo.*

«Maria, vai pure, io devo restare qui.» Lei era solita eseguire senza discutere; era sempre d'accordo con me, avevamo la stessa visione del nostro lavoro e forse mi dava credito per i 15 anni di esperienza in più che avevo rispetto a lei. E così, anche quella volta, accolse il mio invito senza tante parole. Ma ricordo ancora perfettamente il suo incedere lento mentre scompariva dietro la porta a vetri. Il suo corpo indicava con chiarezza che stava camminando verso l'uscita, ma che questa volta non mi avrebbe voluto assecondare: avrebbe preferito restare con me.

Ed eccomi davanti al medico per l'ulteriore controllo: non ricordo nulla di quel colloquio se non che avrei dovuto obbedirgli perché doveva approfondire ciò che gli sembrava di intravedere. *Un'altra indagine…* – captavo parole – *… da un'ecografia si può vedere meglio.* Vedere cosa? Non lo sapevo, non lo immaginavo, non capivo.

La seconda indagine la feci subito. Mi spogliai di nuovo e mi adagiai sul lettino. La sonda, il gel, su un seno e poi sull'altro. Scomodo, fastidioso, non volevo stare lì. Volevo andare a casa, dove le mie figlie mi stavano aspettando per la cena. Si stava facendo tardi. Quando mi alzai e mi rivestii per uscire, nella sala d'attesa non c'era più nessuno. Ricordo le ultime parole del radiologo: «Faremo avere il referto al suo ginecologo entro una settimana. Buona serata».

Uscii. Un taxi mi aspettava, salii in macchina e mi diressi verso casa.

È strano, ma non ho il più vago ricordo delle sensazioni provate in quei momenti. Quel «buona serata» mi lasciò un vuoto che non sapevo giudicare o attribuire. Non ricordo ansia né preoccupazione, né paura: avevo solo, appunto, un gran senso di vuoto. Ero come sospesa in una realtà che non sapevo decifrare. Stavano esaminando e approfondendo per verificare se quelle macchie che avevano identificato potessero essere il segnale di un cancro. Ma io non stavo partecipando a quell'indagine: ero distaccata, distante, in osservazione. Avevo scelto di non farmi coinvolgere.

Venticinque anni fa non si sapeva granché di questa malattia, se non che era un "male incurabile". E io, a conferma di questo, sapevo solo che quando ero ragazzina mi aveva portato via una zia amatissima e che nel 1991 aveva strappato dalla vita una donna meravigliosa di 51 anni, Ricki, moglie di mio fratello e mamma di due ragazzini adolescenti. Ma, nonostante questo, avevo deciso di non pensarci fino al giorno del referto.

Tornai a casa. Rientro solito: feste del cane, «Ciao ragazze!», «Ciao mamma».

Francesca e Anna in camera, una a giocare, l'altra a leggere. Un bacio e poi subito in cucina a riscaldare la cena che la tata, la mitica Vittoria, aveva preparato. E poi a tavola, noi tre. Facevamo sempre un gioco: a turno, dalla più piccola alla più grande, dovevamo raccontarci nell'ordine la cosa brutta, la cosa media e la cosa bella della giornata. Io quella sera dissi che la cosa più bella era il fatto di essere noi tre insieme a cena. Non feci accenno alla visita.

Ma la sera, a letto, feci fatica a dormire. Ripensavo al documento per la presentazione del giorno dopo: non ero soddisfatta, i pensieri si rincorrevano, insieme ai frammenti confusi di piccole emozioni mentre osservavo, dal balcone della mia camera da letto, le luci della città e ascoltavo il silenzio della notte.

2
La presa di coscienza

La diagnosi

Era passata una settimana dalla mia visita al centro diagnostico e non conoscevo ancora l'esito degli esami. Avevo passato quei giorni tra le mille attività dell'agenzia: le scadenze, gli eventi da organizzare e la presentazione della famosa proposta al grande gruppo alimentare svizzero. Il progetto era stato accettato ed eravamo alle prese con la pianificazione delle attività.

Ero arrivata a casa abbastanza presto, quella sera. Anna era a casa e Francesca non era ancora rientrata dalla biblioteca dove era andata a studiare.

Suona il telefono di casa. Rispondo.

«Buonasera Rosanna, sono il dottor S. Ho ricevuto gli esiti del suo esame. Purtroppo, si tratta di un carcinoma mammario ed è consigliabile intervenire subito.»

«Scusi? Non ho capito.»

«*L'esame evidenzia un tumore al seno sinistro, che va operato subito.*»

Non riesco più a muovermi, non mi esce una parola dalla bocca. Rimango paralizzata, muta. Ricordo solo di avere avuto la forza di chiedergli: «Ora cosa devo fare? Da chi vado?».

«Deve cercare un chirurgo e poi le consiglierà lui cosa fare. Io la informo che non potrò più seguirla perché d'ora in avanti rientrerà in un altro protocollo di cura.»

Un po' di convenevoli e la telefonata si chiude così. Sono sconvolta.

Non capivo il significato né le conseguenze di una malattia sconosciuta come quella. L'unica cosa che conoscevo allora era che di cancro si moriva e basta! Il mio primo pensiero andò alle mie figlie: erano troppo giovani (19 e 14 anni) per restare senza mamma e io non volevo lasciarle. In un attimo, l'elenco di tutte le cose che stavo per perdere si allungava e, finalmente, arrivarono il pianto e la disperazione.

Mia figlia Anna si era avvicinata e aveva seguito, senza capire cosa stava succedendo, il mio stato d'animo, la mia paura, le mie lacrime. Tra un singhiozzo e l'altro le spiegai il senso della telefonata del ginecologo e dell'esame della settimana precedente. Mi resi subito conto che non potevo spaventarla; ma ero sola e non sapevo con chi confrontarmi né come affrontare quella malattia, né come gestirne la comunicazione alle mie figlie.

Per non escludere Francesca e per non far pesare la notizia ad Anna, le chiesi se mi sarebbe stata vicina quando lo avrei detto a Francesca. Andai in bagno a cercare di dare un senso alle parole, ma non riuscivo a preparare il discorso, quello con le parole giuste. Pensavo anche che quel discorso lo avrebbe dovuto sentire pure Anna, nella speranza di cancellare il suo shock dopo che aveva avuto la notizia tra le mie lacrime e la mia paura. Francesca entrò in casa e le raccontai della telefonata, questa volta cercando di sminuire il senso della notizia.

Non ci sono parole giuste o sbagliate per dire "ho un cancro". Quella sera non facemmo il gioco delle cose brutta, media e bella che ci erano capitate nella giornata.

La ricerca del medico e dell'ospedale non si presentava semplice. Avevo ritirato l'esito dei miei esami e sapevo cosa avevo. *Sapevo* per modo di dire, poiché allora non c'era internet, non c'erano associazioni pazienti, il mio ginecologo mi aveva "scaricata" e poi non era facile dichiarare di avere un tumore: chi si fosse trovato di fronte alla notizia avrebbe reagito come chi incontra una persona che sarebbe morta il giorno dopo. Chiamai il medico di base che mi indicò genericamente l'Istituto dei Tumori di Milano.

Quello lo conoscevo bene. Era stato per sei mesi la "casa di cura" di mio papà che aveva un brutto tumore ai polmoni. Nonostante cure impeccabili, l'istituto aveva dichiarato la propria impotenza fino a concedergli una morte serena nella sua casa, circondato dall'amore della sua famiglia. Ricordo che andava a fare i cicli di chemioterapia con la sua Fiat 500 gialla, da solo e con grande dignità. Ricordo che quando tornava, ogni volta mi diceva: «Sai Rosanna, la cosa che mi fa provare più dolore quando vado in via Venezian non è tanto il fatto di sapere che, dopo le cure, starò male e mi sentirò ogni volta più debilitato. Il dolore maggiore è vedere entrare e uscire da quelle sale i bambini».

Mentre me lo diceva guardava con gli occhi umidi di lacrime mia figlia Francesca che allora aveva solo 5 anni.

Di mio padre ho dei ricordi meravigliosi, legati prevalentemente alla sua generosità, alla sua forza e alla sua autorevolezza, specie quando il 2 giugno (festa della Repubblica) partecipava, al Parco Ducale di Parma, dove abitavamo allora, alle sfilate dei carabinieri in grande uniforme.

In via Venezian, però, non conoscevo nessuno e comunque non lo associavo al tumore al seno. Per una pura casualità, però, avvenne un fatto che segnò la prima vera e propria svolta di questa storia.

L'amico Emanuele Pirella, grande pubblicitario di quegli anni, mi aveva chiesto di dargli una mano per la comunicazione di IDeA, l'Istituto per la Prevenzione della Depressione e dell'Ansia. La sua agenzia si sarebbe occupata della pubblicità, alla mia agenzia chiedeva di attivare pro bono una campagna di sensibilizzazione e conoscenza di queste malattie attraverso i giornalisti dei mass media. Ci univa una stima reciproca, quindi gli dissi subito di sì. Mi fece conoscere il presidente, una donna di grande fascino appartenente alla buona borghesia milanese, molto impegnata nel sociale: lei e io stabilimmo subito una bella alleanza per affrontare questo tema di cui ancora si conosceva molto poco.

Non so perché ma, quando la rividi qualche giorno dopo, mi venne spontaneo parlarle di ciò che mi era appena successo. Di solito, specie nelle relazioni di lavoro, mantenevo un certo distacco e non amavo parlare di me, ma questa volta mi aprii, forse perché anche lei si stava occupando, con la sua associazione, di dolore e di una malattia di cui allora si sapeva molto poco: la depressione. Ero sempre più consapevole che la "Milano da bere" ci aveva lasciato dei grandi vuoti da colmare.

Quel giorno dovevamo vederci per un caffè, in modo da sbrigare in fretta la traccia di un'intervista che stavamo programmando per un importante quotidiano, sui temi riguardanti la sua associazione. Così, prima di salutarci, le raccontai tutto. In un attimo comprese il problema e un secondo dopo mi disse di non preoccuparmi, perché conosceva il miglior oncologo che si occupasse di cancro alla mammella a livello internazionale: era il professor Umberto Veronesi, aveva lo studio a Milano in via Salvini e lei mi avrebbe fatto da tramite per fissare in fretta una visita.

Non riuscivo a credere che in un momento, con il contatto giusto, il problema che mi affliggeva avesse trovato la soluzione migliore almeno per il primo passo: l'identificazione del medico. Però me lo sentivo. Non era un caso e pensai che anche questa volta il mio istinto mi aveva guidato verso la persona adatta e mi aveva reso facile la confidenza e la condivisione del peso che mi stava affliggendo. La presidente di IDeA mi diede i riferimenti dello studio e il nome della segretaria di Veronesi. Il primo passo era fatto, ora si trattava di fissare subito l'appuntamento.

Lei, dopo qualche tempo, lasciò questo suo progetto sociale e non abbiamo più avuto occasioni di lavorare insieme, ma non finirò mai di esserle grata per la svolta fondamentale che diede alla mia vita con quel semplice indirizzo scritto a biro sul tovagliolino del bar Centro: «Via Salvini, 11, citofono Veronesi».

L'incontro con il medico che mi ha salvato la vita

Lo studio era al primo piano di un bel palazzo, con due segretarie all'ingresso: Giusi Cavallotti, diventata negli anni successivi solo Giusi, e Dina. Entrambe (erano cognate) smistavano con tatto e delicatezza il dolore sordo e l'ansia silenziosa che aleggiavano nella sala d'aspetto. Anche se in preda al panico, quando entrai nello studio ero sicura di essere nel posto giusto. Mi avevano detto che il professor Veronesi era in grado di inquadrare velocemente il problema con uno sguardo alla cartella clinica e che era uno che amava parlare della soluzione con la paziente. Fu così anche per me.

Avevo una paura indescrivibile: non avevo ancora incontrato nessuno che mi aiutasse a interpretare le lastre e il referto del radiologo, ma soprattutto non sapevo cosa dovessi aspettarmi da tutto ciò.

Entrai nello studio e il Professore mi accolse con un sorriso sciogliendo, in parte, l'ansia che mi pervadeva. Sempre con calma e attenzione mi fece tante domande su tutto ciò che mi riguardava: la mia famiglia di origine, le mie figlie, la durata dell'allattamento, la frequenza dei miei controlli, il mio stile di vita, il mio lavoro... Prendeva appunti delle cose essenziali, a mano, su una scheda dove c'era un disegnino stilizzato di una donna con due seni. Lui segnò un puntino nero sul seno sinistro un po' in alto, subito sopra il capezzolo.

«Si accomodi,» (nella stanzetta adiacente lo studio) «la visito.»

Mi stesi sul lettino a petto nudo, tremando come una foglia. Dopo qualche minuto, arrivò lui. Indagò con mani esperte entrambi i seni soffermandosi più a lungo sul seno sinistro. La sua sicurezza e la sua competenza trasparivano in quei piccoli gesti, oltre che dalle decine di lauree ad honorem ottenute dalle università più prestigiose del mondo, che ricoprivano le pareti dello studio. Di ciò mi accorsi solo più tardi, mentre lui scriveva sul suo ricettario ciò che avrei dovuto fare, quando finalmente mi guardai intorno, potendo osservare con minore tensione la stanza in cui mi trovavo.

Quando sono in un luogo nuovo per la prima volta, capire dove mi trovo mi serve sempre, perché dall'osservazione dei particolari cerco di risalire alle note caratteristiche della persona che ho davanti. Di solito colgo ciò che mi è utile per mettermi in relazione con lei e ciò mi facilita il dialogo. Ma quella volta, con il Prof (come poi lo chiamavamo tutti), non solo non ero riuscita a stabilire un dialogo, ma credo anche di avergli dato poche possibilità di conoscere la paziente che aveva davanti, visto che ero riuscita a rispondere alle sue domande solo con pochi monosillabi o frasi secche e concise.

Il passo successivo era stabilire dove e quando procedere con l'intervento. Da lì iniziò il nostro dialogo aperto e sincero che durò per tutti i 23 anni a seguire.

Mi parlò subito del suo nuovo ospedale. «Sai,» – dava subito del tu alle sue pazienti, che ovviamente si sentivano onorate di questo privilegio, senza essere in grado, almeno nel mio caso, di fare altrettanto – «è nato da poco, alle porte di Milano, un grande ospedale dedicato alla cura dei tumori: si chiama Istituto Europeo di Oncologia. Se vuoi possiamo fissare subito l'intervento lì, già tra una settimana o 15 giorni.»

Potevo chiedere di più?

«Certo» risposi.

Mi diede le istruzioni per tutti gli aspetti pratici e ci salutammo.

Raccolsi borsa, computer e la mia giacca di lino e mi avviai verso la porta. Sull'uscio un'ultima raccomandazione: «*E sta' tranquilla, non morirai di questo tumore!*».

Era stato molto chiaro durante la visita e il colloquio e mi aveva dedicato del tempo per spiegarmi tutto sull'operazione, sull'asportazione dei linfonodi e la loro analisi, sulle cure da eseguire successivamente in base ai risultati delle analisi (cure ormonali o chemioterapiche), sulla riabilitazione, sui tempi di cura (anche lunghi in base a ciò che si troverà) ecc., ma quella frase di sintesi finale mi servì da mantra, da quel momento e per i lunghi anni a seguire. «Non morirò di questo» mi ripetevo, ma sapevo che il percorso per sconfiggere questo cancro non sarebbe stato indolore: mi avrebbe imposto delle limitazioni, molto impegno ma anche molta partecipazione. Dovevo mettermi in prima linea, ma ero tranquilla perché avrei potuto *affidarmi* alla guida di un grande medico che mi avrebbe portata fuori da quel tunnel.

«Nella malattia il dolore fine a se stesso non va mai accettato e va contrastato con qualsiasi mezzo. La malattia deve aumentare e non diminuire il rispetto per la libertà, l'autodeterminazione e la personalità dell'individuo.» (U.V.)

Affidarsi a qualcuno è un esercizio non facile. Vuol dire che metti la tua vita, le tue speranze e il tuo futuro nelle mani di qualcun altro senza chiedere spiegazioni o controbattere. E per me, sagittario indipendente, una donna del Sessantotto che ha conquistato la sua autonomia personale e professionale, non è mai stato facile. Il vero tema qui era che la persona a cui mi stavo affidando, senza se e senza ma, era un medico che aveva già la reputazione di essere eccellente e che aveva conquistato tutta la credibilità necessaria in questo campo e anche in altri (che avrei scoperto solo più avanti). Affidarsi, in questo caso, persino per me che sono un osso duro, è stato un gioco da ragazzi.

3

Il ricovero

Il luogo della cura: lo IEO

La data fissata per l'operazione era lunedì 4 luglio 1994. Andai il giorno prima in ospedale. Il professor Veronesi mi aveva detto che la senologia aveva solo poche camere, ma non mi aveva detto che il reparto era ancora in costruzione e che, oltre il corridoio, l'impresa di costruzioni stava ancora completando le altre stanze. La reception era ancora senza i bigliettini di priorità numerica, non c'erano i pannelli elettronici per la successione dei pazienti agli sportelli, c'era un solo parcheggio all'aperto e, soprattutto, c'era un solo edificio, quindi i reparti erano tutti più piccoli e facilmente accessibili tra loro. Era bello e, nelle parti comuni, arredato con mobili di gusto: un modello innovativo di ospedale, dove i princìpi della gestione privata venivano applicati alla sanità pubblica.

Nel tempo, anno dopo anno, quando tornavo per i miei controlli periodici, mi accorgevo che avevano aggiunto un "pezzo" di istituto in più: garage sotterranei, un'altra zona con le sole camere operatorie, il "naso" (un prefabbricato posto al centro della facciata, sollevato da terra, sporgente, a simulare proprio un naso) che conteneva due sale operatorie e una piccola terapia intensiva. Nella parte centrale, una reception sempre più grande, in grado di smistare le migliaia di pazienti che ogni giorno, ogni settimana, ogni mese si recavano in questo istituto di eccellenza che, da subito, era nato per essere un punto di riferimento europeo per i tumori e che, ancora oggi, a distanza di oltre venticinque anni, afferma e conferma che la strada era quella giusta.

Da quell'anno e da quel giorno è diventato il "mio" ospedale.

Ogni donna ha bisogno di trovare nel suo luogo di cura un proprio riferimento, un piccolo spazio dove poter ricostruire una zona di comfort, un colore, un angolo della camera, una sedia o un divano nella zona d'attesa che possa rappresentare un piccolo rifugio, un angolo accogliente dove riporre e custodire la propria ansia e la paura, ma soprattutto le speranze e i sogni per la vita di dopo. Dopo tutto ciò che si sta vivendo in quel momento.

«Ho voluto questo ospedale bello e confortevole, perché desidero che ogni persona si senta a proprio agio come se fosse a casa sua, quando è malata.» (U.V.)

Ero in una camera a due letti ma ero sola, avevo fatto tutti gli esami e l'indomani mattina mi avrebbero operata.

Andando verso la mia stanza notai una cappella e, dopo averla superata, mi voltai, feci due passi indietro e vi entrai. Era piccola, moderna ma accogliente. Non c'era nessuno, così mi sedetti nella prima panca e iniziai il mio colloquio silenzioso, nella speranza che Qualcuno lo ascoltasse.

Raccontai il mio impegno fino ad allora, il tanto lavoro, i molti sacrifici, l'amore per le mie figlie e le speranze che avevo riposto nel loro futuro. Erano troppo giovani per continuare senza la loro mamma. Dopo aver preso in esame alcune differenti ipotesi, mi dissi che no, non potevo andarmene. Non poteva essere il mio momento, perché avevo un'ottima motivazione: il mio dovere di genitore non era ancora concluso. Pregai e ripregai con la certezza che Qualcuno cogliesse la mia preghiera. Ero in lacrime, ma sentivo che Qualcuno mi era vicino. Ora potevo tornare nella mia camera.

Oggi posso tradurre così quel mio pianto liberatorio: una buona sensazione. La vicenda era destinata a finire bene, comunque fossero andate le cose. Avevo la necessità di confrontarmi con me stessa, fare i conti tra ciò che avevo dato, ciò che avevo avuto, ciò che avevo fatto e ciò che speravo ancora di poter fare. Quel pianto, un confronto ineluttabile. Mio.

Era estate e verso sera c'era una bella luce. Dalla finestra vedevo una grande estensione di verde. Via Ripamonti allora era veramente in mezzo alla campagna. Proprio sotto la mia finestra c'era un maneggio che conoscevo perché, con le mie figlie, lo frequentavo spesso prima del tumore.

Io andavo a cavallo da ragazza e avevo proposto alle mie figlie di riprendere equitazione, così avremmo potuto stare vicine e avere un progetto comune insieme.

Avevamo individuato questo maneggio come una bella soluzione per la domenica mattina di molti anni. Poi avevamo interrotto per una banale caduta di Anna.

In quel momento il maneggio assumeva una dimensione diversa, con gli spazi più chiari e delineati, le stalle chiuse e gli spazi comuni vuoti data l'ora. Lo osservavo e ripensavo alle nostre corse per arrivare in tempo la domenica mattina: un po' di fatica a svegliarsi e a mettersi in moto, un po' di entusiasmo, un po' di «no, mamma, oggi non ho proprio voglia» insieme a «dai, che altrimenti al maneggio si arrabbiano se arriviamo in ritardo... e poi ci sono le brioche calde del bar appena finiamo!».

In macchina, un maggiolone bianco con la capote nera, e via! Alla fine, riuscivamo sempre ad arrivare, quasi, in tempo.

L'operazione e il consenso informato

Una doccia calda e a letto. Le ultime formalità e la visita del dottor Luini che mi ragguaglia sull'ora in cui verranno a condurmi in sala operatoria e su una decisione da prendere.

«Signora, come le ha spiegato il Professore faremo una quadrantectomia; tuttavia, se nel corso dell'operazione ci trovassimo nelle condizioni di dover fare una mastectomia, le chiedo se desidera che si faccia una ricostruzione immediata oppure no.»

Era un'ipotesi che non mi avevano prospettato prima e che rendeva ancora più preoccupante l'operazione del giorno dopo. In un attimo provai a immaginare le possibili alternative; non ne trovai e diedi subito il mio consenso alla ricostruzione, se si fosse resa necessaria l'asportazione di tutto il seno.

Al mattino le ultime formalità. L'operazione stava per iniziare. Preanestesia e poi sul lettino verso la sala operatoria. Tremavo come una foglia e l'ultima cosa che ricordo è una situazione nella quale mi facevano passare dal lettino a un letto in acciaio, freddo, attraverso un tunnel. Mi sentivo sul vassoio di un passavivande. Questa è l'immagine che porto dentro di me di quel momento: il mutare da una situazione a un'altra e il percorrere un tunnel che poi ho decodificato come il passaggio dalla piena coscienza al buio totale, freddo e silenzioso, dell'anestesia.

Non so quante ore sia durato l'intervento. Ricordo solo che, dopo aver ripercorso il tunnel, mi ritrovai nella mia camera, con il professor Veronesi accanto. Gli chiesi subito, e per prima cosa, se avessi ancora il mio seno. Mi rispose con un sorriso, un buffetto e un *sì*. Non c'era stato bisogno della ricostruzione.

Uscì dalla camera e mi lasciò agli amici e ai familiari che nel frattempo avevano invaso la piccola stanza. Tutto era ovattato, ma percepivo benissimo l'affetto, i sorrisi e le parole delle persone. In camera c'era una sedia con le rotelle: Anna l'aveva occupata e la usava come mezzo di trasporto da una sponda all'altra del letto. In questo modo mi poteva osservare da vicino, senza però avere un contatto diretto con me, i tubicini del drenaggio e le mie paure, che ovviamente aveva fatto anche sue.

Il ritorno alla vita "normale"

Il rientro a casa avvenne qualche giorno dopo. Uscii con i drenaggi e tutte le istruzioni per la pulizia delle ferite e le prime cure. A mia madre non avevo detto la verità. Con lei purtroppo ho sempre avuto un rapporto conflittuale, quindi per evitare domande e preoccupazioni (le sue, che avrebbe esplicitato obbligandomi a occuparmene), dissi che si trattava di un intervento a un piccolo nodulo senza importanza.

Chi mi fu molto vicina, anche in quei primissimi giorni, fu la mia Vittoria, la tata che ebbi la fortuna di avere con me per molti anni. Non sapeva quasi leggere o scrivere, ma credo sia stata un mio mentore importante, con la sua grande intelligenza, la sensibilità e l'affetto per me e per le mie figlie. Ero disperata: questo intervento mi aveva tolto tutta l'energia, la capacità di affrontare qualunque piccola cosa e mi sentivo impotente, ormai finita. Lei capiva, anche senza tante parole, ciò che mi stava succedendo, ma con la sua presenza, il suo impegno e la sua dedizione mi aiutò piano piano a riprendere fiducia in me stessa e nelle mie forze per ricominciare.

Vedevo le mie figlie tranquille. Da subito, con la mia presenza in casa, la nostra vita era ritornata normale: gli stimoli a impegnarsi di più nello studio, la negoziazione sulle uscite con gli amici, il cane da portar fuori, i weekend con il padre ecc. Tutto era ritornato come prima del 4 luglio.

Anche in ufficio tutto era rimasto come prima. Maria era sempre presente e attenta all'evolversi della mia ripresa. Ai miei dipendenti, ai miei clienti e alle mie relazioni di lavoro non dissi nulla: allora si usava così. Erano gli anni in cui non si parlava di tumore, tantomeno di cancro, parole impronunciabili. La malattia era, a seconda delle occasioni, "brutta", "incurabile" o "senza nome".

Chi sapeva, invece, erano i miei soci americani: sempre diretti, espliciti e pragmatici. Lo stesso giorno del mio rientro, dopo quasi due settimane di assenza, arrivò da New York un vaso blu (era il colore del Gruppo) con dei fiori freschi bellissimi e un biglietto del presidente che mi augurava una pronta guarigione.

Quello stesso primo giorno, nel pomeriggio, mi recai dal famoso cliente svizzero. Indossavo un abito colorato di cotone, largo (in modo da non far notare i fili del drenaggio), e sopra la spalla sinistra uno scialle in tinta unita che riprendeva i colori dell'abito.

Anche la vita stava riprendendo insieme ai colori della quotidianità, seppur con sfumature diverse da prima.

4
La cura

Il passaggio a livello

Sei fuori dall'ospedale. Il cancro non c'è più nel tuo corpo. Ma non è facile fare i conti con ciò che ha lasciato dentro.

«Il cancro è più facile toglierlo dal corpo che dalla mente.» (U.V.)

Questo è quanto Veronesi usava dire e ripetere, perché lui conosceva bene l'animo femminile e sapeva che ogni donna reagisce a questa avventura in base alla sua storia, a quello che si attende dalla vita, alle condizioni sociali e culturali cui appartiene. Un universo femminile sempre nuovo, sempre diverso a seconda della propria storia, della propria personalità e dei valori che lo guidano.

Stava proprio qui la sua abilità: quella di saper interagire e mettersi in relazione, in breve tempo, con ognuna di noi. Con tutte le migliaia di sue pazienti è riuscito a costruire una relazione diretta e speciale, perché lui sapeva cogliere in ognuna lo spazio unico per un dialogo personale. Era come se ogni sua paziente avesse un "suo Veronesi" con cui interagire. Un medico al quale affidare le proprie paure e le proprie speranze, nella certezza che sarebbero state accolte e avrebbero avuto le risposte giuste, per consentire loro di proseguire un percorso di cura a volte doloroso e difficile ma sempre positivo e fiducioso.

Per prima cosa un ciclo di radioterapia, per 30 giorni consecutivi.

Quando? In agosto. Dove? Allo IEO. Vacanze? Non se ne parla nemmeno. Pianifico così, con il padre delle mie figlie, una loro lunga vacanza con lui in Val di Susa, in modo che io possa restare a Milano e andare tutti i giorni in Istituto.

Sei fuori dal primo capitolo della tua nuova storia. Sei veramente diventata un'altra donna e intorno a te vedi un paesaggio cambiato rispetto a prima. Eri in viaggio, avevi la tua direzione, conoscevi perfettamente che cosa e chi ti stava aspettando; tutto seguiva un percorso di vita tracciato quando, nel corso di questo viaggio, arrivi in una strada secondaria che incrocia una ferrovia. In quel momento suona un campanello e si abbassa il passaggio a livello. Inevitabilmente ti devi fermare. Ti guardi in giro, cerchi di ascoltare la radio ma non prende, il cellulare non ha campo, sei isolata: «Devi solo aspettare». Devi aspettare di sapere, devi aspettare che vengano eseguite tutte le diagnosi, devi aspettare il tuo turno in ospedale, devi aspettare e basta. Ma, mentre aspetti nel silenzio e nell'isolamento in cui ti trovi, finalmente guardi dentro di te e ascolti ciò che ti sta succedendo e, se sei onesta e hai ascoltato bene, ti rendi conto che le priorità e l'importanza che attribuisci alle cose stanno cambiando.

Il mio periodo di attesa davanti a quel simbolico passaggio a livello è durato tre mesi: dal 15 giugno a metà settembre. In quei tre mesi è successo di tutto: l'annuncio, l'intervento, la radioterapia, l'inizio delle cure ormonali, la menopausa chimica, le vacanze in una Milano d'agosto deserta, la lenta ripresa del lavoro, il 13 settembre, giorno del compleanno di mia figlia Francesca, che coincideva con l'evidenza che il primo piccolo passo verso il cambio di pagina stava per iniziare. Il suo compleanno, in quel 1994, trascorse un po' in sordina, il primo senza grande enfasi: c'erano altre cose cui dare priorità e lei lo capì bene, se ci fosse stato bisogno di altre evidenze.

Coincidenze positive

Ero a Milano, era il 7 agosto e mi stavo preparando per andare a fare la quotidiana radioterapia allo IEO. "Istituto Europeo" vuole proprio dire che si tratta di un ospedale per l'Europa e infatti è aperto a pazienti e medici stranieri. Era bello arrivare lì presto in quelle mattine di agosto: città deserta, zero traffico e ambiente accogliente. Mi sembrava di essere finita in un film. C'era una bella atmosfera, da grande ospedale americano, con medici di nazionalità diversa: il mio radioterapista era fiammingo e, dopo i tatuaggi di rigore (che mi aveva fatto dal torace al seno sinistro per marcare lo spazio esatto che i raggi avrebbero dovuto percorrere, per colpire ciò che poteva essere rimasto del mio tumore), iniziammo a scambiarci storie e fatti personali. La sua famiglia, le sue aspettative per quel lavoro in Italia (una sorta di fuga di cervelli in direzione opposta): tutto per entrare in relazione e fare conoscenza, anche se questa sarebbe durata solo 30 giorni, visto che poi non ci sarebbe stato motivo per rivedersi. Iniziò con la prima seduta quando mi disse, in uno stentato italiano: «Lo sa che lei è la settima persona che sta usando questa nuova macchina?».

«Bene,» risposi «sono contenta, visto che il 7 è il mio numero preferito!» e aggiunsi, scherzando: «Speriamo non sia in fase di collaudo...». La battuta gli fece scappare un dolce sorriso, anche se trattenuto dalla sua compostezza di medico fiammingo in camice verde!

Arrivavo alle 8 del mattino, con tutti i giornali da leggere, comprati all'edicola sotto casa, perché volevo togliermi il pensiero della radioterapia all'inizio della giornata. Mi dicevo: "Così poi ho tutta la giornata per me e per fare le altre cose". Ma quali? In agosto, allora, nulla restava aperto a Milano, le mie figlie erano via, l'ufficio era chiuso, cosa mai potevo avere da fare? In realtà lo sapevo benissimo: non volevo stare nella sala d'aspetto della radioterapia con le altre pazienti...

Il primo appuntamento mi consentiva di entrare per prima e di infilare la testa in qualcosa da leggere... facendo finta di essere molto occupata. Non volevo sentire le altre storie, non volevo raccontare la mia: ero riservata nei miei sentimenti, non volevo che mi scappasse detto che avevo ancora paura e una sola speranza, che questa prima fase della cura fosse completata al più presto. Non volevo scambiare emozioni.

Oggi, dopo tutti questi anni passati a fianco di donne eccezionali che sono passate attraverso lo stesso percorso, mi rammarico di aver perso quel mese di relazioni aperte e sincere che mi avrebbero aiutato in quel periodo buio della mia vita, ma allora mettevo la testa dentro i fatti della vita, perché sentivo che non dovevo e non volevo abbandonarla. 1, 2, 3, 4, 5 anni: se li superi puoi essere certa di essere fuori e questo era il primo mese della vita dopo l'operazione, il primo mese dei successivi 5 lunghi anni.

Quel 7 agosto, rimettendomi in macchina, d'improvviso ricordai un sogno recente: doveva essere avvenuto intorno a metà giugno, ma allora non ci avevo dato peso. Ora, all'improvviso, ritornava con un significato importante.

Mio padre era morto nel giugno 1978 e, sebbene gli fossi stata molto legata, in realtà non lo avevo mai sognato. Mi era capitato, invece, una notte del giugno 1994. Un breve sogno nel quale lui era sereno, distante ma sorridente e mi diceva: «Vedrai, non è niente, andrà tutto bene».

Non avevo dato alcuna importanza all'episodio per settimane, ma quel giorno, lasciando l'ospedale dopo le prime radioterapie, improvvisamente mi arrivò il ricordo di quel sogno. Mi scaldò il cuore, mi diede fiducia e mi resi conto in quel momento di quante coincidenze positive mi stessero circondando e mandando dei segnali importanti per la mia ripresa. Coincidenze, circostanze, intrecci, incontri, relazioni che mi avrebbero accompagnato in tutti gli anni seguenti. Una buona sensazione.

5
La prima visita e la terapia

Tre donne speciali

Era settembre avanzato e dovevo rivedere il Professore per la prima visita di controllo.

Se Giusi aveva in corso una telefonata sull'altra linea, prima che riprendesse la telefonata che aveva lasciato in sospeso con te potevano passare anche 10-15 minuti. Il segreto era non mollare. Restare in attesa e prima o poi sarebbe ritornata. Niente da invidiare ai call center di oggi.

Era burbera e ti metteva in soggezione. Almeno io la vivevo così allora, ma poi negli anni ho capito che era il suo modo di proteggere il suo Professore dalle infinite richieste di appuntamenti: lei, con dedizione e rispetto, svolgeva alla perfezione il suo ruolo di pianificatrice degli impegni. Era bionda, elegante, molto milanese, pratica e sbrigativa, ma poi (quando verso sera stavano finendo le visite e non aveva più tanta gente cui dar retta) si fermava a parlare con piacere con me, quando mi capitava di essere l'ultimo appuntamento della giornata. Sfoderando un sorriso bellissimo mi parlava di sua figlia e dei suoi studi, poi del suo matrimonio e infine, un giorno, mi annunciò con gioia di essere diventata nonna.

Giusi non era l'unica assistente di Veronesi. Lei gestiva le pazienti dello studio di via Salvini, mentre Lucia Racca lavorava alla segreteria scientifica dello IEO. Era molto diversa da Giusi, ma in comune avevano lo stesso approccio verso il loro Professore, cui avevano dedicato per anni professionalità e protezione. Lucia l'ho conosciuta qualche tempo dopo, poiché lei appunto coordinava le relazioni con le attività scientifiche di Veronesi all'interno dello IEO e fuori dall'Istituto per tutte le altre attività in cui era costantemente coinvolto. Lucia era dolcissima, sempre accogliente, anche lei con una figlia, Giulia, che ebbi modo di conoscere in seguito, visto che lavorava nella Fondazione che il Professore creò nel 2003.

A fianco di queste due donne meravigliose ce n'era un'altra: la sua responsabile dei contatti con i media allo IEO, Donata Francese. Brava, puntuale, sempre sul pezzo, sempre sulla notizia. Una professionista strepitosa, una grande conoscitrice degli spunti che il giornalista deve ottenere per mettere in pagina un servizio o per mandare in onda un'intervista. Lei sapeva che cosa offrire perché il giornalista potesse farsi assegnare uno spazio maggiore o una posizione privilegiata e, di solito, ci riusciva! Insomma, eseguiva alla lettera le regole d'oro per il responsabile dell'ufficio stampa di un'organizzazione, di un personaggio. Non deludeva mai i giornalisti e loro l'hanno sempre considerata, anche oggi che il Prof non c'è più, un punto di riferimento importante per ottenere informazioni sul quadro nazionale sanitario.

Certo, diciamo però la verità: Donata aveva da gestire uno degli scienziati più comunicativi che io abbia mai conosciuto nella mia carriera di *advisor* per la comunicazione. Chiaro, preciso, infallibile, aggiornato su tutte le innovazioni della medicina, con un linguaggio accessibile, alla mano e per di più anche simpatico!

Quando si trasferì da Milano a Roma per ricoprire il ruolo di ministro della Sanità, nell'aprile 2000 (fino al giugno 2001), le sue assistenti lo raggiungevano, a turno, affinché lui potesse seguire, anche a distanza tramite loro, le attività dello IEO, le richieste dei media e le relazioni con le pazienti che, comunque, continuava a vedere nelle sue giornate milanesi.

Tutto questo l'ho osservato nel tempo, negli anni successivi, perché in realtà la mia prima visita dopo l'intervento andò più o meno così.

«Buongiorno Rosanna, come va?»

«Insomma, questo mese è stato un po' difficile. Tutto nuovo, devo prendermi cura di me con una certa attenzione. Non mi sento ancora in forma. Le ferite non sono rimarginate bene, mi pare, il braccio sinistro è rimasto un po' gonfio e più che altro vorrei capire da lei quali sono i prossimi passi.»

«Vieni, vediamo come va» mi disse con il suo solito sorriso rassicurante.

Dopo la visita mi confermò che tutto stava procedendo secondo le migliori previsioni e che da allora potevo iniziare la cura destinata ad accompagnarmi per almeno 5 anni: una terapia antiormonale da assumere con regolarità ogni mattina. Inibendo la produzione di ormoni mi avrebbe indotto una menopausa chimica, con tutte le conseguenze fisiche e psichiche che la menopausa genera in una donna. Mi spiegò che quel braccio gonfio era il risultato dello svuotamento ascellare dei linfonodi e, poiché nell'ascella erano stati recisi i condotti della linfa, ci sarebbe stato un necessario rallentamento del suo passaggio. Il mio braccio sinistro non si è mai più ripreso da quel trauma, ma in fondo questo non è l'unico segno che il mio corpo testimonia, dopo la battaglia contro il tumore che avrebbe potuto rischiare di avere il sopravvento su di me.

Tamoxifen: ogni mattina, da non dimenticare! Allora lui (detto blister), quasi da solo, trovò uno spazio in cui non avrei potuto dimenticarmi di lui per tutti i successivi 5 anni: si sistemò nel bicchiere di vetro nero nel mio bagno, insieme a spazzolino e dentifricio.

La minima terapia efficace

31 agosto 1999, ultimo giorno di Tamoxifen.

«Basta, hai finito, te ne devi andare, non mi servi più: questa relazione è durata fin troppo, ma il giusto. È arrivato il momento di separarci.»

Parlavo guardando fisso il blister con le ultime 3 pillole ancora protette dalla cartina d'argento, insieme alle altre 7 celle vuote che avevano ospitato le pillole dell'ultima settimana. Non ne potevo più di quel rituale mattutino: qualunque cosa succedesse, in qualunque luogo mi trovassi lui, mister T, mi aveva seguito e io, ubbidiente, lo avevo fatto diventare il mio accompagnatore abituale. Ora però era arrivato il momento della mia ribellione: basta, non avevo più bisogno di lui. Stavo per gettarlo, quando la mano, nel gesto di allontanarlo da me per farlo finire nel cestino, si fermò. Mi guardai allo specchio e mi dissi: "Perché vuoi buttarlo via? Lui è stato quello che ti ha accompagnato in questi anni, che ogni mattina ti ricordava che stavi compiendo un altro passo verso i fatidici 5 anni – per cui, se non ci sono recidive, sei fuori dal tumore –, che ogni pillola in meno era un giorno guadagnato verso il traguardo: non può finire così!".

Era vero. Per 5 anni avevo affidato a questo blister, che man mano finiva e si rinnovava, i miei pensieri, le mie speranze per la vita futura, il desiderio di arrivare alla fine per scoprire che cosa ci sarebbe stato dopo. Che cosa la vita volesse concedermi ancora!

"Allora sai che c'è? Lo tengo con me questo blister, così, anche un po' imperfetto, 3 pillole sì e 7 pillole no, e lo lascio al suo posto nel suo bicchiere, così ogni mattina mi ricorda che la vita è un dono meraviglioso, che va rispettato, ringraziato per ciò che ti darà e goduto fino al tramonto e alla notte, quando sarà pronto per salutare un nuovo giorno."

Ho un ricordo ancora nitido della prima volta. Sul ricettario Veronesi mi scrive la ricetta del Tamoxifen e mentre la sta per firmare mi guarda e nota la mia tensione, la paura che non mi sta facendo ancora proferire una parola. Così mi dice: «Ma sai quante donne ho operato prima di te? Tante, tantissime. E ormai da anni le donne, finalmente, non devono più sacrificare tutto il seno per eliminare, come nel tuo caso, una massa tumorale di medie dimensioni».

«Lo spunto» continua lui «per togliere solo la parte del seno col tumore, salvandone così buona parte, me lo diede una mia paziente. Era un'attrice di teatro specializzata in Goldoni. Quando ebbe la diagnosi e venne da me, scoppiò a piangere e mi pregò di fare qualcosa perché non voleva perdere il ruolo in quella commedia, per il quale aveva lavorato tanto! Ricordo il fervore con cui mi spiegò che nelle *Baruffe chiozzotte*, dove interpretava Lucietta, doveva bisticciare con le altre donne e indossare quelle belle camicie dall'ampia scollatura che mostravano il seno generosamente. "Non posso recitare senza seno" mi disse "e non posso vivere senza il teatro. Quindi fate quello che volete ma non permettetevi di togliermi la mammella." E da allora la quadrantectomia, che toglieva il minimo per ottenere il massimo risultato, si lasciò alle spalle gli interventi demolitori che tanto avevano stravolto la femminilità delle donne. Hai capito, cara Rosanna? Mi raccomando, riguardati e fissa il prossimo incontro tra tre mesi!»

Quella chiacchierata mi fece comprendere che se *Lucietta* ce l'aveva fatta, forse anch'io avrei potuto immaginare di avere ancora spazio per vivere la mia vita, quasi come prima!

Sempre in seguito appresi e imparai che, in realtà, prima che lui arrivasse all'applicazione della quadrantectomia, erano serviti anni di ricerca e studio iniziati nel 1973, per dimostrare che i tumori di piccole dimensioni potevano essere asportati con questa tecnica che risparmia la rimozione totale della mammella. Dopo una decina d'anni i dati preliminari vennero prima pubblicati sul prestigioso «New England Journal of Medicine» con un grande riconoscimento da parte del mondo scientifico internazionale e subito dopo sulla prima pagina del più autorevole quotidiano americano, il «New York Times», che consacrò il professor Umberto Veronesi come il precursore di un'evoluzione fondamentale dell'oncologia: dalla massima terapia tollerabile alla minima terapia efficace.

6
Le relazioni attraverso la malattia

La capacità di trasmettere la vita

Aveva una grande capacità il Professore: quella di trasmettere la vita. Per lui, e glielo ho sentito ripetere più e più volte, la vita aveva un significato enorme, in qualunque condizione e difficoltà.

> *«Fino a quando c'è la vita, va vissuta fino in fondo. Anche quando so che sul piano scientifico non c'è più speranza, è importante che la paziente abbia la fiducia di potercela ancora fare e impegni le sue forze nel continuare a lottare.» (U.V.)*

Le mie relazioni con la malattia erano allora scandite dai controlli periodici che il protocollo mi imponeva di seguire. Il grande cervellone dello IEO custodiva tutti i miei dati e i miei appuntamenti ed era rassicurante osservare la sicurezza dell'operatore che, aprendo la mia cartella, sapeva tutto di me: gli esami che avevo svolto, i loro esiti e le loro evoluzioni. Scintigrafia, mammografia, ecografia, visite ginecologiche per tenere sotto controllo l'endometrio: «Sa, il Tamoxifen che sta prendendo potrebbe provocare delle ripercussioni all'apparato ovarico. Pap test a posto. Attenda un attimo fuori mentre compilo il referto e poi ci possiamo rivedere tra un anno».

In queste occasioni, finalmente, non avevo più bisogno di rifugiarmi dentro a giornali o libri da leggere, non andavo presto per scappare subito. Al contrario, i luoghi di attesa, le persone della reception e del bar mi erano ormai diventati familiari. Con le pazienti in attesa fuori dagli ambulatori avevo imparato ad aprirmi, a scambiare prima qualche timida confidenza e poi a raccontarci subito il percorso della nostra cura, insieme ai consigli di alimentazione o di esercizi per mantenere in forma un corpo che aveva subìto il trauma che conoscevamo bene. Con loro sono iniziati un dialogo e una condivisione che da allora non ho mai più lasciato e che ogni volta, anzi, si arricchiscono di una storia, di un dolore, di una gioia e di tante complicità.

Dicevo che il Professore aveva la capacità di trasmettere la vita e di creare alleanza e solidarietà tra le donne con un filo conduttore, protagonista, o meglio attore invisibile, sul palco, che era il nostro tumore.

Parlo di palco perché, da quando è nato lo IEO, ogni anno l'Istituto organizza un incontro con tutte le pazienti dell'anno o degli anni precedenti. Era (ed è tuttora) un grande momento aggregativo, quasi uno spettacolo in cui si celebra la vita e le protagoniste principali sono le donne amiche dello IEO, pazienti che si sono operate lì, ma anche mamme, figlie, mariti che hanno attraversato l'esperienza in quell'ospedale, con quei medici e con quel personale paramedico.

Quella giornata è nata per essere dedicata a loro e alle loro storie. È un momento di festa nel quale ognuno racconta la sua storia (oggi si dice che è un evento di *storytelling* e io aggiungo *d'amore*) e si ride, si piange, si ricorda tutti insieme, nello stesso tempo e nello stesso luogo, per due ore, ciò che si è vissuto e si può ancora raccontare.

Si chiama "IEO Day" ed è un appuntamento fisso con la malattia, che fa da collante, ma sta sullo sfondo. In quei momenti il Professore aveva la possibilità di rivedere tutte insieme le sue pazienti. Era felice lui ed erano felici loro per aver superato insieme momenti molto difficili. Insomma, un momento di festa e di celebrazione di ciò che la vita è ancora disposta a darci.

Anche questo appuntamento era stato ispirato dal grande oncologo che ci ha insegnato che la malattia è un momento di passaggio da cui puoi persino uscire più forte. Lui che aveva conosciuto migliaia di donne nei momenti più fragili della loro vita, in cui si sentivano spaurite, sapeva cosa significasse accoglierle con umanità e ritrovarle a distanza di tempo con la comprensione e l'attenzione dei primi momenti difficili.

Io ho partecipato a quasi tutte le edizioni dello "IEO Day", ma ne ricordo un paio in modo particolare: la decima e la sedicesima.

Si tratta di un vero e proprio evento con tanto di invito, prenotazione e conferma. Una folla in un teatro milanese o in un grande albergo in grado di ospitare le migliaia di pazienti che arrivano da tutta Italia, a volte seguite anche dai propri familiari.

La mia testimonianza allo "IEO Day"

Era l'inizio del 2004 quando, un giorno, squillò il telefono.

«Buongiorno dottoressa D'Antona, sono Donata Francese dello IEO. La chiamo perché ci risulta che lei sia la *paziente zero* dell'Istituto e, siccome stiamo organizzando il decimo "IEO Day", ci piacerebbe che lei intervenisse e facesse una piccola narrazione della sua esperienza. Posso passarle il professor Veronesi?»

«Certo» dissi io.

Lui esordì così: «Ciao Rosanna, ho pensato che siccome sei una delle primissime pazienti, l'Istituto ti ha portato fortuna ma anche tu hai portato fortuna all'Istituto. E quindi ti vorremmo quel giorno con noi a testimoniare la tua esperienza come prima paziente del nostro ospedale!».

Non aggiunse altro, ma siccome aveva un certo senso dell'umorismo, tra le sue parole lessi che la fortuna cui alludeva era che lo IEO mi aveva fatto superare la prova di sopravvivenza del quinto anno e che quindi avrei potuto partecipare alle celebrazioni del decennale. E io avrei potuto essere una testimone credibile.

Quel giorno eravamo veramente in tante e tutte, rivedendoci, ci abbracciammo a una a una con gioia. Con alcune non ci vedevamo da tempo, perché non abitavano a Milano: c'era una grande voglia di raccontarci i tratti di vita che avevamo percorso dall'ultima volta che ci eravamo viste, in attesa di una visita o di un esame di controllo.

Gli aggiornamenti riguardavano sempre i mariti, i compagni, i figli, le difficoltà di rientro al lavoro, le conseguenze della terapia, ma non mancavano le battutacce e le risate con il gruppo delle mie amiche toscane. Quelle che ne hanno sempre una per tutti!

C'erano stati parecchi interventi prima del mio: medici, giovani pazienti, scrittori, donne testimonial famose che portavano la propria storia, la propria esperienza.

Quando arrivò il mio turno ero veramente emozionata. Parlare in pubblico non è un problema per me (lo faccio spesso per lavoro), ma parlare in pubblico di me, con le mie due figlie sedute nelle prime file, davanti a tante amiche e ai miei medici, non è stato facile!

Mi avevano assegnato 10 minuti, ma credo di aver parlato per 8 al massimo, in sintesi, per uscire da quella situazione non facile per me, in cui dovevo condividere emozioni davvero intime, davanti a tante persone che non avevo mai visto prima.

Ho parlato della relazione con la malattia, con il tumore che, a un certo punto, è entrato nella mia vita, sconvolgendola. Ho parlato di quanto fosse importante entrare in relazione con Lui, il mio nemico tumore, comprenderlo per sconfiggerlo. Ma Lui non si può sconfiggerlo da soli. Non hai gli strumenti e non hai la forza.

I primi li trovi solo se hai la fortuna (come mi disse al telefono il Professore) di incontrare il luogo adatto e le persone che ti accolgono e si prendono cura di te. Questo è stato il mio caso, la mia coincidenza, la magia di un numero giusto scritto sul tovagliolino di carta di un bar, davanti a un caffè.

La seconda, la forza, te la devi cercare da sola. E lì comprendi, quando sei davanti a te stessa, a quali risorse puoi attingere. Non è stato facile, quel giorno, raccontare i momenti in cui riconosci la forza che ti viene incontro e ti sostiene. All'inizio, quando sei davanti al passaggio a livello, la forza la trovi proprio scavando dentro di te e cercando ciò che hai fatto nella tua vita: tracciando un bilancio, ti accorgi di aver basato la tua esistenza sull'etica, sul valore del rispetto per gli altri, sul lavoro – anche se questo può aver sottratto del tempo alle tue figlie: ma l'intento è di offrire ciò che serve a due giovani vite per crescere bene – e infine, la speranza e la fiducia che ce la farai. Ma, a fianco della tua forza, devi poter far conto anche su quella che ti offrono altri.

Raccontai quanta forza avevo ricevuto in quegli anni in quel luogo di cura che avevo così interiorizzato tanto da farlo diventare la mia seconda casa, inclusi gli angoli per la lettura tra un esame e l'altro, le due chiacchiere con Lucia alla direzione scientifica e il caffè insieme prima di andare via.

Parlai della forza che ricevetti dal "mio" medico, il professor Veronesi, le sue accurate spiegazioni al termine di ogni visita di controllo, su come stava reagendo il mio organismo alle cure e come vedeva lui il prosieguo della cura.

Raccontai infine della forza che avevo ricevuto, oltre che dalla mia famiglia e dalla mia rete sociale, dalle mie "compagne di strada", da quelle donne che in quei dieci anni avevo avuto modo di conoscere e frequentare, seppure per frammenti di tempo: attimi brevi ma pieni di relazioni intense e indelebili, di storie dolorose ma anche divertenti e sorprendenti.

I minuti a mia disposizione per l'intervento si chiusero con un «grazie alla vita che mi ha dato tanto!» parafrasando una canzone composta dalla cilena Violeta Parra e interpretata da Mercedes Sosa, il cui testo recita proprio un «grazie alla vita che mi ha dato tanto, che mi ha fatto ridere e mi ha fatto piangere, che mi permette di guardare il bene, così lontano dal male, e che mi ha ascoltato in tutta la mia interezza, ogni giorno, ogni notte…».

Mi ricordo ancora la stretta di mano della conduttrice e l'applauso della sala. Le mie figlie che approvavano facendomi l'occhiolino. Il Professore che mi dedicò un cenno di apprezzamento per aver ben sintetizzato, in quel breve intervento, l'impegno che lo IEO ed io avevamo messo insieme in quei dieci anni, per attraversare da un lato all'altro quel passaggio a livello.

Tornai al mio posto, mi sedetti e piano piano, in silenzio, sentii scendere finalmente sulle guance le lacrime che avevo trattenuto sino a quel momento.

In quei giorni Laura Asnaghi pubblicò su «la Repubblica» un pezzo sul decimo compleanno dello IEO, con un'intervista a me, *paziente zero* del primo istituto europeo per le cure oncologiche, dal titolo: «Io, la Donna Zero salvata da Veronesi. 15 giugno 1994, una data che porto sulla pelle. Avevo un tumore al seno e ho vinto la mia guerra».

Del sedicesimo "IEO Day" vi racconterò poi.

7
Un periodo importante, a cavallo del nuovo millennio

Nozze in vista

«Professore, ho una cosa importante da dirle. Mi sposo!»

«Ma dai, che notizia. Ma sei proprio sicura? Non ti è già bastato il primo matrimonio? Una volta va bene, ma due?!»

Lo diceva sorridendo perché gli piaceva scherzare sempre, ma tra una risatina e l'altra, mi abbracciò per condividere la mia felicità. Era ottobre del 1999, ero alla mia visita annuale e mi sarei sposata il mese successivo a New York.

«A New York? E perché proprio lì?»

Gli spiegai che avevo incontrato quell'uomo, Mark, per lavoro: nel Gruppo internazionale di cui facevo parte, lui era il capo di tutto il sistema informatico e gestiva circa 100 uffici in giro per il mondo. Così, mentre veniva a organizzare e a supervisionare la connessione della rete nel mio ufficio di Milano, ci eravamo incontrati e da lì era nata una relazione intensa che ci aveva portato a questa decisione. Aggiunsi che era americano e viveva a New York, che era un uomo molto sensibile e interessante, un ebreo sefardita i cui nonni erano russi, aveva la mia età, era vedovo con un figlio di 16 anni, Simon.

«Ebreo? Ma sai che anche mia moglie Sultana è ebrea? Lei purtroppo ha avuto pure l'esperienza di un campo di concentramento da ragazzina.»

Parlava di lei con grande rispetto e amore, di quanto fosse una madre meravigliosa, una pediatra, una donna forte e intelligente. Poi chiuse dicendo: «Guarda che voglio conoscerlo dopo il matrimonio: devi farlo venire con te quando tornerai per la prossima visita».

Il Prof e Mark

E così fu. La mia nuova visita sarebbe stata a distanza di circa un anno, quindi la fissai all'inizio del 2001, in concomitanza con un viaggio di lavoro di Mark a Milano. Era una visita di routine ma dovevo fare i conti con le limitate presenze di Veronesi a Milano per via del suo incarico come ministro della Sanità. In questo mi fu alleata Giusi. Nel mese precedente, allo IEO, feci tutti gli esami di prammatica per consentire al Professore di verificare, nel corso della visita, l'andamento del percorso.

L'accoglienza fu molto calorosa, rigorosamente in inglese dato che Mark non parlava italiano. La visita nel suo studio confermò ciò che gli esami avevano rilevato. Respiro di sollievo, mi rivesto e li raggiungo alla scrivania.

«*Rosanna's cancer indicated since the beginning that the situation might have been kept under control with low consequences in terms of therapy to be undertaken. She can be considered out of risk from the initial tumor now.*»[1]

1 «Il tumore di Rosanna ha reso evidente fin da subito che la situazione poteva essere tenuta sotto controllo con un impatto minimo in termini di terapie da eseguire. Attualmente Rosanna può essere considerata fuori pericolo rispetto al tumore iniziale.»

Mark sapeva tutto, naturalmente, ma gli fece piacere sentire direttamente dal Professore che da quel momento non avrei più dovuto sottopormi a nessun'altra terapia se non ai controlli periodici per tenere sotto controllo eventuali ricadute.

Percepivo ormai quando il Professore era di fretta, perché la sala d'attesa era piena di pazienti dopo di me. In quei casi non si dilungava troppo e quando esami e visita erano a posto mi salutava velocemente, ma con il solito sorriso di incoraggiamento.

Quel giorno c'erano alcune persone ancora da visitare, ma aveva deciso che sarebbe stato insieme a noi per una decina di minuti in più. Era curioso di sapere com'era andato il matrimonio e forse, dopo oltre sei anni che conosceva la sua paziente Rosanna, gli faceva piacere conoscere l'uomo che aveva scelto per accompagnarla nella seconda parte della sua vita.

Presto già sorridevano tra di loro: erano entrambi liberali, non allineati con la presidenza Bush (successivamente invece forti sostenitori di Barack Obama) ed entrambi legati alla filosofia ebraica. Il Prof gli stava dicendo quanto apprezzasse gli Stati Uniti. Aggiunse con naturalezza, come faceva lui, i grandi riconoscimenti che la comunità scientifica di quel Paese gli aveva riservato per la sua ricerca e per la chirurgia rivoluzionaria in senologia, e i tanti convegni a cui partecipava da una costa all'altra dell'America per condividere le conoscenze con i medici dei principali centri di ricerca e ospedali.

Mark gli chiese come funzionava la salute pubblica in Italia che, vista da un americano abituato soprattutto a una sanità privata, sembrava difficile da concepire.

Gli rispose che il suo programma al Ministero della Sanità riguardava principalmente la battaglia contro il dolore, quella contro il fumo, quella per la libertà decisionale delle donne in materia di interruzione di gravidanza, quella per l'aggiornamento continuo dei medici e quella per la liberalizzazione delle droghe leggere. Mark, che aveva una cultura liberale, non poté che apprezzare ognuno dei punti di quel programma, annuendo con molto interesse; ricambiò raccontandogli i suoi programmi di lavoro in quel periodo. Così gli parlò dell'importanza della connessione informatica tra un ufficio e l'altro nel mondo, solo all'inizio in quegli anni, ma in grande crescita; dell'indispensabile accesso a una rete comune in un mondo sempre più globalizzato; dello scambio dei dati da una parte all'altra del mondo. Tutto ciò che oggi è pratica comune con un semplice *clic*, lui lo stava affrontando con un paio di decenni d'anticipo. Anche Mark condivise con il Professore i suoi viaggi e quanto amasse, anche attraverso di me, l'Italia e la sua cucina.

Era bello ascoltarli. Era interessante assistere all'intesa immediata che si era stabilita in quei dieci minuti di conversazione. Non mi stupii perché cominciavo a conoscere il Professore e sapevo per certo che in un attimo riusciva a entrare in contatto con le persone, ma ancor di più a coglierne l'anima, gli interessi e a entrare rapidamente in empatia con chi gli stava davanti.

Mark era molto riservato, ma molto sensibile poiché sapeva riconoscere i sentimenti delle persone ed entrare in connessione con la loro anima, in quello che lui chiamava l'*inner space* (lo spazio più intimo) dell'individuo e i suoi sentimenti. Entrambi riconoscevano un valore supremo all'etica, alla libertà e alla giustizia nella vita.

Il tempo della visita stava per concludersi: era stato molto bello per me averli visti insieme. Si salutarono. Per sempre. Il Professore ripartì per Roma il giorno dopo, Mark per New York dopo una settimana. Per entrambi non ci fu più occasione di rivedersi negli anni successivi.

Mark è mancato nella sua casa di Brooklyn, con lo skyline di Manhattan di fronte, il 15 gennaio 2014 a causa di un infarto. Simon, suo figlio, era a Milano per lavoro e siamo partiti il mattino dopo insieme, con nel cuore il dolore per non aver avuto la possibilità di riabbracciarlo per l'ultima volta.

8
La comunicazione: un terreno di incontro comune

Affinità nella comunicazione

Ancora una volta devo partire dall'insegnamento che ho ricavato partecipando alle attività della Fondazione Veronesi. È come se le relazioni nate per affinità si alimentassero l'una con l'altra arricchendosi di valori e di nuove energie, come fanno i fili colorati di una fine tessitura.

Ripensandoci oggi, il significato dell'incontro con questo grande medico si è basato anche su una certa affinità fra noi nel dare grande importanza alla comunicazione.

Lui sosteneva infatti che «la comunicazione è il mezzo più potente nella relazione medico-paziente»... e non solo, aggiungo io, viste le sue grandi doti di comunicatore. E infatti, nel 2009, Assorel (l'Associazione delle Agenzie di Relazioni Pubbliche) lo insignì del premio alla carriera «per l'attività clinica e di ricerca nazionale e internazionale e per la coerenza delle iniziative di divulgazione e comunicazione della scienza che, associate alla fiducia trasmessa ai pazienti e alla sua costante promozione per il progresso scientifico, hanno contribuito allo sviluppo di una società più etica e civile».

Il mio mestiere è intessere relazioni per migliorare la comunicazione di persone e aziende. In gergo e nella nostra professione si chiamano relazioni pubbliche, relazioni esterne, governo del sistema delle relazioni, ma tutto conduce a costruire relazioni significative per creare consenso, per ottenere fiducia e per sostenere una buona reputazione: in ultima analisi, per costruire o per affermare un'idea, un'immagine, un concetto.

Io lo facevo per professione in supporto a grandi imprese, il Professore lo faceva semplicemente perché creare e mantenere relazioni attraverso una buona comunicazione era parte del suo dna, della sua natura.

Io mi relazionavo con le persone, creavo i contatti giusti con chi fa opinione (i giornalisti in primis), individuavo le strategie per ottenere consenso e fiducia. Tutto ciò faceva parte del mio lavoro quotidiano. Conoscere e stare con le persone, capire, cogliere il meglio di ognuno è sempre stato stimolante per me. E visto che mi occupavo di relazioni pubbliche, diciamo che la mia curiosità è sempre stata appagata.

Gliene avevo parlato in uno dei primi incontri, quando aveva voluto sapere che cosa facessi. Credo che tutti riconoscano al Professore la sua grande abilità nel coinvolgere nel modo giusto, interessare e motivare le persone a partecipare e sostenere i suoi progetti. Quindi anche nel mio caso non è stato difficile farmi trascinare nelle iniziative cui lui e la sua Fondazione davano vita.

Fare una buona comunicazione per il sociale, come ho imparato successivamente, a favore di cause importanti per la salute, per la conoscenza, in difesa dei diritti di soggetti fragili, avvicinandomi ai grandi temi che la Fondazione proponeva, ha veramente cambiato la mia prospettiva e anche il senso del mio lavoro.

La Fondazione e le Donne contro il Fumo

Il Professore tornò a Milano dopo l'11 giugno del 2001, al termine del suo mandato al Ministero, pieno di idee e di iniziative per le quali ebbi l'onore di essere in parte coinvolta, attraverso il suo ufficio.

La mia vita nel frattempo aveva ripreso a pieno ritmo. Avevo ritrovato la mia solita energia e la voglia di sperimentare un'altra avventura imprenditoriale, una nuova start-up per la comunicazione che iniziai a programmare con mesi di anticipo, per farle prendere forma nel 2003. Ne parlai al Professore che, naturalmente, mi incoraggiò a realizzare il mio prossimo sogno, la mia nuova avventura che aveva capito essere così importante per me. Nel febbraio 2003 nacque D'Antona & Partners, cioè Rosanna e le mie partner storiche, Maria e Caterina. Caterina era la più giovane del trio e ci aveva seguito per anni portando la freschezza e la curiosità di una giovane di grande talento. Così, al momento della creazione della società, fu immediatamente reclutata come la terza insostituibile partner.

Fu in quell'occasione che il Prof mi disse brevemente che, in quel periodo, stava per nascere una sua nuova iniziativa, la Fondazione Umberto Veronesi e che sarei stata invitata alla cerimonia di presentazione.

L'evento fu organizzato nella sala congressi di una grande banca, in uno storico palazzo nel cuore di Milano, ed era straripante di gente: le sue pazienti, i suoi sostenitori, i suoi amici, gli studiosi, i ricercatori, tutti. La Fondazione nasceva infatti proprio per supportare il progresso delle scienze e, da quel giorno, questo organismo è un punto di riferimento per studiosi, ricercatori, Istituzioni o semplici donatori che ritengono, come diceva lui, che la scienza sia alla base del nostro progresso.

Più volte avevo parlato a Veronesi del mio lavoro e dell'attività pro bono per la valorizzazione delle donne ai vertici dell'impresa, della società e della politica. Svolgevo questa attività in Lombardia quando ero responsabile regionale della Fondazione Bellisario, anche perché nel 2002 mi era stato assegnato il prestigioso riconoscimento della "Mela d'Oro – Premio Marisa Bellisario" per il mio impegno come manager italiana nella comunicazione all'estero. Così, con tutte le associate lombarde, pensammo di aderire al movimento "Donne contro il Fumo", un progetto che ci aveva proposto Monica Ramaioli, direttore della Fondazione Veronesi, che raggruppava 100 donne impegnate nello sport, nell'arte, nella comunicazione, nello spettacolo, nella ricerca e nell'imprenditoria.

Tutto partiva dal concetto che le donne hanno una grande capacità di influenza, partecipano attivamente alla prevenzione e alla cura della salute della propria famiglia, ma coloro che ricoprono a titolo diverso posizioni importanti in azienda devono anche porsi la questione morale di saper indirizzare le persone con cui lavorano verso il rispetto della propria salute e la prevenzione.

Con le mie amiche di Fondazione Bellisario Lombardia e d'accordo con Lella Golfo, presidente nazionale, fu redatto e sottoscritto una sorta di impegno-manifesto, nel quale erano identificati i valori ispiratori della donna quando ricopre posizioni di leadership all'interno della realtà che rappresenta:

- la diversità come valore
- la solidarietà, l'inclusione e l'empatia
- l'integrità, l'equità e la trasparenza
- il rispetto, l'ascolto, la multidisciplinarietà, lo scambio e la mediazione come valori di crescita costruttiva
- il potere esercitato con intelligenza
- la coincidenza del valore della crescita professionale del singolo con quella dell'organizzazione di appartenenza
- l'equilibrio tra il valore economico e il valore etico
- "saper dire di no", la consapevolezza delle proprie scelte e il riconoscimento delle proprie responsabilità
- la capacità di gestire la complessità connaturata al contesto organizzativo delle imprese e delle Istituzioni odierne
- l'essenza del ruolo femminile, che include anche i figli e la famiglia.

Nacque così una campagna di informazione sulla stampa quotidiana, dove ogni donna coinvolta lasciava un messaggio in favore dell'importanza di vivere senza fumo. Il mio messaggio recitava: «Vivere, sognare, creare, amare, giocare... perché mandare tutto questo in fumo?».

Oltre a me, protagoniste di questa campagna furono attrici, politiche, manager, giornaliste.

Il tutto fu annunciato a Milano, a Palazzo Belgioioso, nel maggio 2005, nel corso di una conferenza stampa dal titolo «Donne e nuovi equilibri», moderata da Barbara

Palombelli, in cui si discusse di salute (con relatori del calibro di Lorenzo Spaggiari e Alessandra Graziottin) e di donne e lavoro. Mi fu chiesto di intervenire per parlare della leadership femminile e della sua responsabilità nell'impresa e nel sociale. La conclusione dei lavori fu doverosamente riservata al professor Veronesi, che affermò: «L'importante è evidenziare messaggi semplici che possano raggiungere il maggior numero di persone. L'obiettivo è, più in generale, quello della salute della donna, rispetto alla sola dissuasione dal fumo».

Questo esercito di 100 donne si prese allora l'impegno di fare da portavoce per la lotta contro il fumo, ciascuna negli ambiti in cui operava. Un grande movimento formato da donne in grado di influenzare l'opinione pubblica sui danni del fumo. Per appoggiare questa campagna e far sì che le donne in posizioni rilevanti nelle imprese potessero diffondere ulteriormente questi importanti messaggi, creammo una task force di medici che si sarebbero resi disponibili a partecipare a dibattiti e seminari aziendali, per approfondire quanto già sarebbe stato distribuito attraverso materiali informativi per i dipendenti delle diverse aziende che avevano aderito all'iniziativa.

Le raccomandazioni si rifacevano agli avvertimenti classici rispetto ai rischi che il fumo comporta, facendo leva sulla popolazione aziendale femminile, con riferimento anche agli aspetti legati alla bellezza, all'invecchiamento della pelle e all'estetica del sorriso, oltre che ovviamente alle ben più serie e note conseguenze del fumo per la salute.

La sala era gremita, lì a Palazzo Belgioioso, e la partecipazione molto sentita. Ricordo che alcune delle dirigenti convenute non smettevano di far domande a Veronesi anche sulle motivazioni che avrebbero potuto usare per coinvolgere e motivare i propri dipendenti in questa battaglia contro il fumo. Tutti temi che lui con puntualità affrontava, offrendo spunti interessanti anche su come sensibilizzare i giovani nelle campagne interne aziendali.

Le campagne di sostegno contro il tabagismo vennero messe in atto, nei mesi seguenti, dal nostro gruppo, nelle diverse aziende cui appartenevamo. Tutto partiva dal presupposto che le donne fumatrici erano in grande aumento e la tendenza di crescita del 10-15% annuo sembrava non arrestarsi, con le gravi conseguenze che questa abitudine comportava. Sul totale della mortalità a causa del tumore al polmone, il 30% riguardava allora le donne, con stime pari al 50% nel 2020.

Guardando a distanza ciò che avvenne allora, è chiara la strategia messa in atto per scoraggiare l'abitudine al fumo. Sappiamo quanto sia duro disincentivare le dipendenze, ma qui la chiave di volta fu geniale: convincere le donne che facevano tendenza o che potevano avere presa e influenza su altre donne. Averle dalla propria parte e innescare una campagna di informazione *da donna a donna* in tema di benessere e di impegno sociale.

Tutto ciò avveniva all'inizio del 2005, anno in cui entrò in vigore la legge, approvata dal Parlamento due anni prima, che vietava di fumare nei luoghi pubblici e che il ministro Veronesi aveva fortemente ispirato e indicato come strumento per la prevenzione dei tumori derivati dai danni del fumo. Fu in seguito il ministro Sirchia a ottenere l'approvazione del decreto, tra i primi nel panorama europeo.

9
La comunicazione nel sociale

Al suo fianco nelle battaglie

Oggi se ne parla sempre più spesso. Le aziende devono assumere una responsabilità sociale più attiva sostenendo o partecipando a iniziative di sensibilizzazione verso la società civile, verso l'ambiente, verso i propri dipendenti, verso i temi proposti dalle organizzazioni non governative legati ai diritti dell'uomo.

Oltre alla ricerca, che era alla base della sua professione di oncologo, il Professore mi raccontava anche frammenti del suo impegno civile per la divulgazione della scienza a favore dello sviluppo dell'umanità e per i diritti civili dell'uomo. Pensieri che vedevo poi pubblicati sui media a grande diffusione, ai quali veniva data la massima rilevanza per la profondità delle sue proposte e degli stimoli, a volte anche in controtendenza, come le sue tante battaglie da laico, progressista e femminista: il testamento biologico, l'uso oculato degli ogm, la fecondazione eterologa, la maternità surrogata, i matrimoni gay e le adozioni omosessuali.

Una delle battaglie di quel periodo fu il testamento biologico, che è la conseguenza logica della legge che prevede l'obbligo del consenso informato del paziente alle cure e che gli dà diritto di conoscere la verità sulla propria malattia e, di conseguenza, di accettarla o meno anche quando dovesse trovarsi nelle condizioni di affrontare una vita artificiale vegetativa.

«Se una malattia mi privasse della mia dignità di persona chiederei l'eutanasia. Ho fatto anche il testamento biologico che contiene le mie volontà sulla fine della mia vita, in caso mi accadesse di essere incapace di esprimerle di persona.» (U.V.)

Seguirono altri temi legati alla scienza come elemento essenziale per il progresso e come impegno al servizio della pace, l'alimentazione e il vegetarianismo, i limiti della ricerca e molti altri temi etici, profondi e complessi che un medico e un cittadino devono affrontare quando la vita glieli pone davanti.

«Considero il vegetarianesimo una conquista culturale e un segno di civiltà. Chi è vegetariano si sente cittadino della terra, perché non deve uccidere e massacrare i suoi abitanti per rispondere al suo primordiale bisogno di cibo.» (U.V.)

Veronesi si è occupato anche della qualità della vita nelle carceri. L'edizione 2012 della Conferenza mondiale "Science for Peace", da lui presieduta, ha affrontato due temi cari al Professore: la dignità della persona alla luce delle neuroscienze, in riferimento a ergastolo e pena di morte, e la pacifica convivenza in libertà e diversità.

Relazioni e circostanze: lui sapeva come generarle, gestirle e svilupparle e infatti ogni suo intervento, ogni sua idea, aveva una logica conseguenza e sfociava quasi sempre in un altro contesto ma in un modo coerente, cioè legato comunque alla libertà dell'individuo, al rispetto della persona e delle sue scelte.

Le circostanze hanno avuto un grande significato per me: ho cercato di ordinarle in questo racconto. La nostra vita è costellata di eventi imprevedibili e sorprendenti, che possono portare a "congiunzioni" perfette, utili per quel preciso momento della tua vita, ed essere risolutive per ciò che stai cercando in quel frangente. Quando le circostanze si presentano in questa forma, i cattolici le chiamano Provvidenza. A volte però possono essere avverse e allora ci devi fare i conti e mettere in campo molte altre energie, compresa la fede, per reinventare la tua vita.

Sul piano professionale il tumore aveva tentato di buttare all'aria tutto ciò che avevo costruito fino ad allora, ma poi mi ha consegnato una nuova visione del mio lavoro: la comunicazione, non più rivolta solo a sostenere l'immagine di un'impresa e dei suoi servizi/prodotti, ma a mostrare quella sensibilità, che finalmente oggi sta prendendo piede, verso una partecipazione attiva dell'impresa nella società civile. In questa partecipazione attiva, gli interessi di tutti gli interlocutori dell'impresa sono messi sullo stesso piano: dagli investitori ai dipendenti, dalla salvaguardia dell'ambiente alle istanze delle organizzazioni non governative in rappresentanza della società civile, in uno scambio di valori condivisi.

“The Future of Science”

Proprio in quegli anni ebbe inizio la svolta che il cancro mi insegnò ad apprezzare: l’intreccio di relazioni virtuose che, indirizzate verso finalità importanti, piano piano avrebbero cambiato la mia esistenza.

Dopo l’anno della prima attività in favore del movimento Donne contro il Fumo, ebbi l’opportunità di occuparmi delle prime edizioni di “The Future of Science”, un appuntamento scientifico internazionale che si svolgeva a Venezia nel mese di settembre grazie alla collaborazione fra le Fondazioni Veronesi, Cini e Tronchetti Provera. La prima edizione fu nel 2004, poi proseguì per altri 13 anni.

Questo ciclo di conferenze si prefiggeva di sottolineare l’importanza della scienza dando particolare rilievo al ruolo che la stessa ha e continuerà ad avere nel futuro in ogni attività umana.

Per questo, già dalle prime edizioni, un Comitato scientifico, approvato dalle tre Fondazioni, mise a punto la “Carta di Venezia”, che affrontava questioni etiche e sociali legate alle innovazioni scientifiche per indirizzarle al mondo della scienza e della politica.

Ogni anno veniva affrontato un tema rilevante che toccava tutti i Paesi del pianeta. Così, a turno, si è parlato (in inglese, la lingua ufficiale di questi incontri) di: *energy challenge*, *dna revolution*, *virus: the invisible enemy* (pensando all’emergenza Covid-19, tema quanto mai anticipatore in tempi non sospetti), *science and society*, *food and water for life*, *secrets for longevity*, *digital revolution* e molti altri argomenti. Tutti temi che venivano affrontati in un contesto globale e da speaker internazionali: studiosi, giornalisti, esperti e rappresentanti dell'impresa e della finanza, di fronte a una platea di giovani laureati pronti ad assorbire il meglio per poi farne tesoro per il loro impegno futuro nel mondo del lavoro e della ricerca.

C'era un'altra cosa che il Professore dimostrava di saper fare benissimo, in queste occasioni. Era consapevole che, a fianco della grande rilevanza attribuita all'aggiornamento scientifico, era importante creare dei momenti relazionali in cui tutte queste personalità potessero avere occasioni sociali di scambio, di conoscenza reciproca, creando altre relazioni e circostanze virtuose in grado di generare nuove opportunità favorevoli. Ogni convegno era infatti accompagnato da concerti al Teatro La Fenice o visite a dimore storiche veneziane. E il giorno dopo, di primo mattino, si era di nuovo pronti a riprendere a lavorare e a studiare, ma con ancora maggiore serenità e gratitudine per ciò che il Professore aveva proposto.

Ricordo che nel 2007 seguivo un progetto con Margherita Agnelli, impegnata in una bellissima operazione di microcredito.

Aveva un suo studio a Ginevra, dove abitava, e lì mi raccontava di ciò che stava facendo per aiutare le donne di Paesi in via di sviluppo, facilitando finanziamenti per le piccole attività che queste donne intendevano intraprendere.

Ne parlò anche in una rara intervista al settimanale «Grazia». Raccontò della nascita di BlueOrchard ("Frutteto Blu", nome evocativo), che mobilitava più di 100 banche per finanziare microimprese familiari, gestite prevalentemente da donne. Raccontò che era un modo per stabilire un circolo virtuoso che garantiva chi investiva denaro e risorse a favore di chi ne aveva bisogno per uscire dalla miseria.

Accompagnai Margherita Agnelli all'Università Bocconi di Milano per un intervento-testimonianza rivolto agli studenti dell'ultimo anno di Economia. Lì illustrò, anche con foto originali, le sue visite alle donne delle piccole fattorie nell'Europa dell'Est, dove si coltivavano funghi per l'esportazione.

Fu un grande successo; ebbi occasione di parlarne con la direzione scientifica dell'edizione di quell'anno di "The Future of Science", il cui tema era legato al diritto all'alimentazione. Il secondo giorno era prevista una tavola rotonda dal titolo *The pursuit of justice: food and water for all.* Proposi BlueOrchard alla Fondazione, che accettò e da lì nacque un incontro di preparazione e di conoscenza tra il Professore e Margherita Agnelli.

L'incontro avvenne in un grande albergo di Milano dove lei alloggiava e fu ovviamente molto piacevole per entrambi e ancora una volta molto arricchente per me. Parlarono di tutto, ma in particolare di quanto lui apprezzasse il lavoro di Allegra Caracciolo, moglie di Umberto Agnelli, grande filantropa e presidente della Fondazione Piemontese per la Ricerca sul Cancro, da lei appoggiata sin dalla sua costituzione nel 1986, con lo scopo di sostenere la ricerca e la pratica clinica per i pazienti oncologici. Lei gli raccontò della casa-famiglia che stava aprendo nella stessa abitazione in cui aveva vissuto il fratello Edoardo e, naturalmente, dell'attività molto concreta che stava svolgendo per finanziare le donne impegnate in imprese familiari agricole e di ciò che avrebbe potuto condividere nella tavola rotonda di Venezia, dopo qualche mese.

L'edizione 2008 di "The Future of Science" fu molto ricca di ospiti illustri, tra cui il banchiere Giovanni Bazoli, Marco Tronchetti Provera, Kathleen Kennedy, Giulio Tremonti e la grandissima Rita Levi Montalcini. Fu un grande arricchimento per me aver potuto assistere direttamente a interventi di quello spessore.

Ricordo in particolare l'intervento del Premio Nobel per la medicina Rita Levi Montalcini, seduta nelle prime file: una minuta e bella signora di quasi 100 anni. Ma poi, quando fu il suo turno di parlare, sembrava una regina, grande, statuaria. Il suo carisma e la sua forza nel descrivere le ricerche, che ancora dirigeva, erano accompagnati da un'aura e da una luce che non potrò mai più dimenticare. Chiuse il suo intervento, rispondendo al moderatore che le domandava il segreto del suo successo nella ricerca, con queste parole: «Tantissimo impegno (anche nel sociale), entusiasmo, intuito, l'andare – se serve – anche controcorrente e poi un po' di fortuna». Parole semplici, forti e di grande chiarezza, quelle che possono davvero dare un senso alla tua vita quando le ascolti da una donna grande come lei.

Quella sera mi addormentai con questa immagine. Non avrei mai pensato che il cancro avrebbe potuto essere così generoso con me.

"Science For Peace" e altri progetti

Questa mia bella esperienza di accompagnamento agli impegni della Fondazione Veronesi continuò con la prima edizione di "Science for Peace" nel 2009, anticipata da un pezzo indimenticabile che lo stesso Veronesi scrisse e pubblicò su «L'Espresso», in cui anticipava l'organizzazione di una conferenza internazionale per progettare un modello concreto di pace, individuare gli strumenti per realizzarlo e stabilire i percorsi per raggiungerlo. La scienza doveva, con questi incontri annuali, sottolineare il suo ruolo determinante per la costruzione e il mantenimento della pace e non solo per supportare i signori della guerra (Hiroshima docet).

Lo slogan «Fate la scienza non fate la guerra» era il titolo del pezzo in cui Veronesi esortava politici, Premi Nobel e religiosi a dire basta ai miliardi buttati nelle spese militari, destinando invece quei fondi a sviluppo e ricerca. Proponeva di diminuire la percentuale del Prodotto interno lordo destinata alle spese militari. Ma l'idea visionaria era di creare con quei fondi una "Banca Mondiale della Pace", destinata a cercare di risolvere problemi come la fame, la carenza d'acqua, la mortalità infantile e di debellare alcune malattie terribili che affliggono l'umanità.

Con undici edizioni ormai alle spalle, quello che sembrava un sogno irrealizzabile continua ad aggregare ogni anno i nomi più rilevanti del mondo della scienza, delle Istituzioni internazionali, della politica, della cultura e della società civile.

Nella prima edizione si diede grande risalto a un manifesto che il Comitato scientifico ed etico del convegno aveva messo a punto. Dieci punti che avrebbero indirizzato e ispirato tutte le edizioni successive, illustrando le principali situazioni in cui il ruolo della scienza avrebbe dovuto essere determinante: nel dimostrare di essere un linguaggio universale in tutti i Paesi del mondo, nell'evidenziare che il dna dell'uomo è quello di un animale pacifico, nel sostenere che violenza genera violenza, a cominciare dalla pena di morte, che le armi tradizionali o più avanzate devono essere messe al bando, che le forze militari devono essere convertite in eserciti con missioni per la pace e che i 27 eserciti europei potrebbero essere riuniti in un unico esercito continentale con funzioni di *peacekeeping*; e ancora: che la scienza deve impegnarsi nell'eliminare le cause che creano la guerra, come la povertà, l'ignoranza e la mancanza di prospettive, promuovendo invece il dialogo interreligioso e i percorsi educativi alla base dell'identità culturale di ogni cittadino.

Attraverso analisi scientifiche si sarebbe potuto infine dimostrare che i Paesi che hanno ridotto il budget della difesa a valori inferiori all'1% del pil, come l'Islanda, la Costa Rica, Panama, il Liechtenstein e la Repubblica Dominicana, hanno raggiunto alti livelli di qualità della vita e avrebbero potuto rappresentare un comitato permanente di osservazione, allineato alla Carta dell'Onu.

«Una Conferenza per la pace è una necessità etica. Chiedere la pace e agire per la pace non è un'utopia, ma è impegno civile, fede nel futuro.» (U.V.)

E a proposito di armamenti, per l'edizione di "Science for Peace" del 2013 mi fu assegnato un progetto molto interessante: coordinare un tavolo di lavoro per individuare la filiera dalla produzione al finanziamento e alla distribuzione delle armi, con la speranza di delineare un percorso trasparente da sottoscrivere, in cui ogni passaggio avrebbe potuto essere tracciato. Al tavolo, guidato da Francesco Vignarca, scrittore e studioso dei temi riguardanti la pace e la giustizia, partecipavano i rappresentanti di coloro che erano coinvolti nel processo: le reti pacifiste, gli analisti, le banche, gli accademici, i centri di ricerca per l'esportazione... tranne naturalmente i produttori di armi e munizioni.

Furono mesi di grande lavoro e interazione per arrivare a presentare, nell'edizione del 2013, i risultati e le proposte per la definizione di una Carta per la tracciabilità da sottoscrivere congiuntamente da parte di tutti gli operatori coinvolti in questa attività.

Tra gli altri relatori di quell'anno vi erano l'allora ministro degli Esteri Emma Bonino, il professor Peter Atkins dell'Università di Oxford, l'economista Tito Boeri, l'allora presidente FAO José Graziano da Silva e Jody Williams, Premio Nobel per la pace nel 1997.

Tra un'incursione romana e l'altra, Veronesi creava altri progetti per diffondere la scienza e sostenere la sua Fondazione e la sua missione – ricercare fondi per il sostegno alla ricerca – senza tralasciare ovviamente il suo ospedale e le sue pazienti.

Per esempio, era importante che anche le imprese fossero consapevoli del ruolo-chiave degli investimenti in ricerca e tecnologia. Nacque così il progetto "Scienza Impresa e Territorio" in collaborazione con «Il Sole 24 Ore». Organizzammo un tour nelle sedi confindustriali di diverse città italiane, incontri tra il Professore e imprenditori locali. In queste occasioni veniva sottolineata l'importanza della ricerca nell'industria, con dibattiti tra gli imprenditori presenti, moderati da giornalisti e opinionisti di spicco: Lilli Gruber a Modena, Alain Elkann a Torino, Alessandro Cecchi Paone a Treviso e Luca De Biase, allora responsabile dell'inserto *Nova* de «Il Sole 24 Ore», a Parma. Le conclusioni erano dedicate alla visione del valore della scienza e della ricerca anche nell'industria privata.

E poi, come non citare le serate che la Fondazione organizza per la raccolta fondi? Un appuntamento annuale in cui eleganza, cultura, intrattenimento e conoscenze si intrecciano in un'armonia perfetta. Fino al 2016 Veronesi accoglieva tutti i suoi ospiti all'entrata e tutti attendevano la fine della serata, quando lui si sarebbe alzato e avrebbe parlato – con la chiarezza e l'umanità che lo contraddistinguevano – di medicina e delle sfide che si trovava ad affrontare, di etica, del valore della persona, di futuro e di speranza.

Nella sala che raggruppava centinaia di ospiti calava un grande silenzio (ho visto qualche grande finanziere prendere nota di ciò che il Professore diceva), fino a quando lui non aveva terminato il suo intervento e al termine, ogni anno, scoppiava una *standing ovation* di parecchi minuti.

Oggi il figlio Paolo continua con lo stesso carisma, con impegno e passione identici, a riproporre questo appuntamento in cui accoglie e aggiorna tutti i sostenitori della Fondazione Veronesi sulla missione che suo padre aveva delineato ormai circa vent'anni prima e che continua a ottenere ancora oggi consenso e sostegno.

10

L'*advocacy* entra nella mia vita

Una richiesta sorprendente

Era il sedicesimo appuntamento dello "IEO Day". Avevo partecipato come sempre e quell'anno mi fu chiesto di produrre una piccola testimonianza. Quel giorno avevo voluto sottolineare quanto era stato utile per me scoprire quella che ancora oggi chiamiamo *sorellanza.* La conoscenza, la vicinanza e il sostegno di tante "compagne di viaggio", quelle donne cioè che hanno fatto della propria malattia un momento di riflessione, di unione e di arricchimento. Come? Stando insieme, sostenendosi nei momenti più bui e scambiandosi le esperienze, quelle più dolci, ma anche quelle in cui la paura prende il sopravvento e ti paralizza impedendoti di riconoscere il prossimo passo da fare. Ma il senso di appartenere a questa squadra di pazienti è comprendere la forza e la tenacia che un'altra donna ha messo in atto per affrontare questa difficile prova, in modo che siano uno stimolo per fare altrettanto quando pensi proprio di non farcela.

Aggiunsi, prima di chiudere, che la cosa che mi aveva sorpreso (e arricchito) maggiormente era stato osservare la generosità che quelle donne, una volta uscite da questa esperienza terribile, avevano deciso di mettere a disposizione delle altre. Donare il proprio tempo e loro stesse per sostenere le altre donne che venivano a trovarsi nella loro medesima situazione, disarmate e senza sapere come superare quello che stavano vivendo. Forza, empatia, sorrisi, fiducia, incoraggiamento e serenità erano gli elementi di una rete solidale spontanea e insostituibile. Quella che fa da eccezione ai luoghi comuni che sostengono perentoriamente: «Si sa che le donne non sanno fare rete!». Ecco servito il contrario.

Conclusi così il mio breve intervento e tornai a prender posto vicino alle mie amiche di quel giorno.

Dovevo tornare in ufficio per una riunione e quindi, finito l'incontro, iniziai a salutare tutti: i medici, le mie amiche, le persone della direzione scientifica, Donata e naturalmente il Prof.

«Fermati un momento.»

«Non posso fermarmi al buffet, grazie, mi dispiace: ho un incontro che inizia alle due dall'altra parte della città.»

Andò dritto al tema senza tanti preamboli e aggiunse: «Sai, volevo dirti che in questo momento in Europa Donna sta cambiando la presidenza e avrei pensato di affidarla a te».

Deglutii prima di rispondere, e poi: «Non ho capito, grazie comunque, ma io sono molto impegnata e ho poco tempo libero, tra la famiglia e il lavoro».

Non mollava: «Ma quanto tempo avresti?».

«Be', diciamo mezza giornata la settimana, stiracchiata.»

«Ah, ma questo tempo basta e avanza! Sai, l'Associazione deve solo continuare il percorso che è già stato tracciato in questi ultimi anni...»

Gli credetti, ma presto mi resi conto che mi aveva

detto una bugia, ben consapevole che questa attività di *advocacy* avrebbe presto fatto parte della mia vita, prima piano piano e poi ormai a tempo pieno!

Ma sappiamo tutti quanto lui fosse abile nel far sentire gli altri speciali e indispensabili nel portare avanti le sue cause, sempre piene di significato e di prospettive. Insomma, ormai facevo parte del pacchetto e ancora oggi, a distanza di 10 anni, devo ringraziarlo per la grande esperienza che mi ha concesso di vivere.

Era fine maggio del 2010 quando ci recammo – il Prof, Alberto Costa (che faceva parte del team di chirurghi di Veronesi e al quale il Prof aveva affidato fin dai primi anni Ottanta i progetti europei, compreso quello dello sviluppo internazionale dello IEO), Paola Mosconi (capo laboratorio presso l'IRCCS Mario Negri nonché consigliere della prima ora per Europa Donna) e io – dal notaio Bellezza di Milano per firmare le nuove carte, validare i nostri documenti ed effettuare una piccola revisione dello statuto: da quel momento, ero la rappresentante italiana della coalizione internazionale di Europa Donna, il Movimento che rappresenta i diritti delle donne nella prevenzione e cura del tumore al seno presso le autorità sanitarie nazionali e regionali, con sedi in ben quarantasette Paesi.

Quando uscimmo, guardando tutti e tre i miei interlocutori negli occhi e correndo il rischio di fare una figuraccia, dissi: «Carissimi, grazie della fiducia, ma io sono terrorizzata perché del cancro, al di là di averlo avuto, non so un granché e qui mi si chiede di fare perfino il portavoce dei diritti delle pazienti con questa patologia!».

Il Prof che, naturalmente, aveva già un altro appuntamento da un'altra parte, mi sorrise e, allontanandosi, disse: «Dai, sono certo che ce la farai e bene!».

Guardai subito dopo Alberto Costa con l'aria di chi chiedeva: «Be', non mi lascerai mica sola, vero?». E lui, prendendomi sottobraccio mentre camminavamo, mi rassicurò: «Certo Rosanna, c'è già un progetto molto bello su cui lavoreremo insieme».

Paola, che aveva visto nascere Europa Donna già 15 anni prima e conosceva la sua potenza di fuoco, mi salutò con un sincero: «... e poi, se avrai bisogno, sappi che io ci sono sempre!».

L'inizio di un grande viaggio

Era necessario far conoscere il cambio della guardia del Movimento in Italia ma anche a livello internazionale e così organizzammo per settembre una conferenza stampa a Milano, alla quale parteciparono le precedenti presidenti italiane, il nuovo gruppo costituente, alcuni medici e le associazioni che storicamente avevano sostenuto il Movimento. Quel giorno quindi vennero le rappresentanti di molte associazioni: alcune le conoscevo già, altre le ho conosciute in quell'importante occasione e sono, da allora, grandi compagne di viaggio!

Iniziai subito a ricostruire una squadra di volontarie, cercai una segretaria e creai uno spazio in un ufficio della mia agenzia, per avere un punto di riferimento vicino, con una linea telefonica dedicata per i primi passi che dovevamo intraprendere.

Studiai attentamente ciò che si era fatto in Italia e in Europa nei 15 anni precedenti; volevo anche avere ben chiari gli obiettivi futuri, le strategie, i programmi, gli alleati con cui creare consenso, gli interlocutori finali da sensibilizzare e a cui rivolgere le nostre richieste, con una voce sola rispetto ai bisogni delle pazienti, per ottenere interventi adeguati da parte dei nostri interlocutori istituzionali a livello di Ministero, di Parlamento e di assessorati regionali.

Molti file, molti documenti, foto e rassegne stampa degli anni precedenti. Ma ora si doveva passare all'attacco per programmare il futuro. Mi venne in soccorso, come promesso, il dottor Alberto Costa, oggi semplicemente Alberto, che un paio di mesi dopo mi disse: «Mercoledì dobbiamo andare a Roma dalla senatrice Bianconi della Commissione Sanità del Senato, che sta svolgendo una ricognizione dello stato dell'arte degli ospedali, perché vorremmo recepire anche in Italia la Risoluzione Europea che invita gli Stati membri a creare una rete di ospedali dedicati alla cura del tumore al seno, secondo alcuni parametri di qualità ormai determinati dalla Commissione Europea, che dovranno costituire un nuovo modello di cura in senologia nella nostra programmazione sanitaria».

Era questo un programma di cui avevo già letto nelle linee guida pubblicate da Europa Donna Europa, ma non sapevo che le indicazioni, per le quali le nostre colleghe internazionali stavano lavorando da anni alla Comunità Europea, fossero già pronte per essere recepite anche nel nostro Paese.

Incontrammo Laura Bianconi in un ristorante vicino al suo ufficio a Roma. Lei è di Cesena e la sua zona di origine fece in un attimo cadere tutte le barriere che mi ero immaginata avrebbe alzato per sottolineare il suo ruolo di potere. La cosa positiva che capii in quell'occasione è che il cancro è un soggetto molto democratico: non guarda il gruppo sociale di appartenenza, è apartitico, è nazionale nel senso che non preferisce il Nord o il Sud e comunque riguarda moltissime donne (almeno un'italiana su 8 si ammala di tumore al seno nel corso della sua vita). Questi elementi fanno sì che, volendo richiedere un intervento politico-istituzionale in favore della tutela di queste pazienti, si trova quasi immediatamente consenso, specie quando gli interlocutori sono appunto donne. Il sostegno e gli interventi operativi sono invece un po' più complessi, vista la burocrazia che anche nella sanità va per la maggiore.

Il battesimo ufficiale con la prima rappresentante delle Istituzioni romane era passato e mi ricordo che tornai da quel viaggio con molto entusiasmo e mille idee da realizzare. Laura sarebbe stata una bella compagna di viaggio e, più che altro, da subito la simpatia e la stima reciproche ci consentirono di iniziare una forte amicizia, capace di farci ridere e scherzare e persino scambiarci gli indirizzi delle bigiotterie dove trovare orecchini e braccialetti insoliti e bizzarri che entrambe portavamo con gran disinvoltura.

Lei e la sua Commissione permanente del Senato stavano per pubblicare una ricognizione (dai risultati un po' deprimenti, per la verità) sui centri di cura in Italia dal titolo «Malattie ad andamento degenerativo di particolare rilevanza sociale, con specifico riguardo al tumore alla mammella, alle malattie reumatiche croniche e alla sindrome HIV.»

E noi? Un movimento come il nostro, con la voce delle donne-pazienti, che cosa avrebbe potuto portare per contribuire all'accelerazione del recepimento di questa norma europea e per far sentire la propria voce, le proprie opinioni? Eravamo state invitate a un'audizione in Senato e volevamo portare delle evidenze plausibili e reali delle attese delle donne rispetto a questo progetto. Niente di più attuale e concreto che un'indagine sui bisogni e le richieste di cura delle pazienti di tutta Italia. Si voleva arrivare presto al decreto attuativo per i Centri di Senologia Multidisciplinari nel nostro Paese.

Così, attraverso un sondaggio, raccontammo che cosa si aspettavano le donne italiane quando veniva diagnosticato loro un carcinoma mammario, ma anche come si sarebbero immaginate l'accoglienza e la cura se avessero potuto disegnare un ospedale ideale che si sarebbe preso cura di loro.

Ciò che il sondaggio dimostrò fu esattamente quello che il decreto stava per attuare, ovvero l'attesa – con percentuali ben sopra il 50% – di luoghi di cura dove qualità, ricerca, esperienza dell'équipe di professionisti, empatia e attenzione alla persona facessero parte di un insieme unico auspicabile e rassicurante.

Il 18 dicembre 2014 è stata siglata l'intesa Stato-Regioni che ha stabilito l'istituzione dei Centri di Senologia. Il documento ministeriale approvato in quella occasione, «Linee di indirizzo sulle modalità organizzative ed assistenziali della rete dei Centri di Senologia», definisce, infatti, i requisiti essenziali per i percorsi diagnostico-terapeutici appunto in senologia.

La battaglia per le Breast Unit

E oggi, grazie all'alleanza e a un lavoro di squadra di medici, specialisti, associazioni di pazienti, media e opinione pubblica, le quasi 200 Breast Unit sono una realtà importante e diffusa su tutto il territorio italiano e tutte operano seguendo gli stessi standard qualitativi richiesti dal decreto.

Il percorso per arrivare a questo risultato non è stato sempre lineare ma di sicuro stimolante, specie se sostenuto e supervisionato da un alleato prezioso come Senonetwork, una sorta di federazione che raggruppa tutte le società scientifiche in rappresentanza della multidisciplinarietà prevista nei centri di senologia. Ogni giorno la squadra si allargava, le donne di tutta Italia cominciavano a comprendere il significato vero e la forza dell'*advocacy*, termine anglosassone il cui significato è proprio "far sentire la propria voce". L'*advocacy* descrive infatti l'attività di influenzare le politiche pubbliche e l'allocazione delle risorse economiche in favore di istanze che vengono messe in luce con l'unico interesse di promuovere il benessere del cittadino.

Nel nostro caso si trattava, e si tratta tuttora, di rendere consapevoli i governanti e i legislatori che il tumore al seno è la prima patologia che colpisce le donne e che quindi ha bisogno di ottenere dalla sanità pubblica servizi, cure e strutture adeguati alla diffusione e alla complessità di questa malattia. Presto abbiamo compreso che tante associazioni singole, nelle varie città italiane, avevano decisamente meno peso di una rete connessa nazionale che poteva far arrivare con una voce sola, forte e chiara le risposte che si desideravano ottenere in termini di diritti per la propria salute.

Così ci siamo impegnate in numerose attività istituzionali, *flash mob*, servizi stampa e televisivi, eventi allargati o ristretti, eventi musicali e teatrali, convegni scientifici, pubblicazione di ricerche o sondaggi, raccolta di storie di vita quotidiana, documentazione a sostegno delle nostre richieste, relazioni dirette con i legislatori, senza trascurare mai l'importanza della rete e dei social media per facilitare l'impegno civile e l'azione collettiva.

Il 19 dicembre 2014, al Ministero della Salute, la Direzione generale della Programmazione sanitaria, in occasione del semestre di presidenza italiana del Consiglio dell'Unione Europea, organizzò una conferenza dal titolo «*Awareness and Commitment for Breast Cancer in the Health System*». Il regolamento italiano sulle Breast Unit venne presentato ufficialmente ai rappresentanti della Commissione Europea, a esperti di Paesi membri Ue e dell'OMS e alle associazioni di pazienti.

Il primo traguardo era stato raggiunto. Ora la legge era stata approvata e quindi la staffetta passava alle singole Regioni, che avrebbero dovuto attuare le delibere per consentire la ricognizione e quindi l'adeguamento delle strutture ospedaliere per la cura dei tumori al seno, secondo le nuove norme europee.

Mi resi conto subito che anche a livello regionale si sarebbe dovuto mettere in atto un sistema di *advocacy* per sensibilizzare il sistema regolatorio regionale ad accelerare il processo di applicazione del decreto e l'attuazione delle nuove unità senologiche multidisciplinari secondo i nuovi standard. Ma come?

11
«Più siamo, più contiamo»: la forza della voce delle donne

La squadra si allarga

L'Europa Donna che avevo ereditato era un'associazione importante, con una grande reputazione e credibilità perché negli anni aveva raggiunto molti obiettivi con l'aiuto di parlamentari sensibili e una collaborazione straordinaria tra il Terzo settore e i legislatori.

Prima della mia presidenza, con Francesca Merzagora si erano ottenuti servizi importanti dalla Sanità nazionale, come il rimborso della ricostruzione del seno dopo la mastectomia; lo screening mammografico biennale e gli esami di secondo livello gratuiti per le donne tra i 50 e i 69 anni; il riconoscimento del diritto alla trasformazione del rapporto di lavoro da tempo pieno a tempo parziale per le lavoratrici del settore pubblico colpite da tumore; l'inserimento del linfodrenaggio post-operatorio nei livelli essenziali di assistenza.

Ora questo nuovo progetto doveva prevedere un intervento diverso, visto che gli interlocutori da sensibilizzare per ottenere il recepimento delle direttive nazionali dovevano essere, nell'ordine: i governatori delle Regioni, l'Assessorato alla salute e, naturalmente, tutti i responsabili degli uffici della pianificazione sanitaria regionale.

C'era bisogno di una squadra di pazienti e di donne del territorio che potessero accompagnarci nel nostro percorso. Non pensavamo certo che, dal nostro ufficio di Milano, avremmo potuto essere in grado di raccogliere informazioni, contatti, storie, realtà ospedaliere regionali e alleati per ottenere presto tutte le Breast Unit che servivano nelle diverse Regioni.

E così, con alcune amiche che avevano vissuto l'esperienza del trauma del tumore al seno, che magari si erano già messe in moto per essere incisive sul proprio territorio e che si erano rese disponibili a fare un ulteriore passo avanti, abbiamo iniziato a creare una rete. «Più siamo, più contiamo» era il nostro motto ed eravamo intenzionate a sottolinearlo e a farlo emergere sui tavoli che contavano.

Le primissime a credere nel nuovo progetto furono le lombarde Adele di C.A.O.S. Varese e Ada di Attive Come Prima, le toscane Luana e Donatella con la siciliana Pinuccia di Iosempredonna e la ligure Deliana di La Rinascita. Questi gruppi, dai nomi dettati dalla fantasia dei fondatori, erano presieduti e rappresentati da donne fantastiche come Adele, la rossa "pasionaria" anche lei ex paziente del Professore. Adele, che quando entra in una stanza te ne accorgi perché, insieme alla fisicità del suo corpo e della sua abbondante capigliatura rosso fuoco, arriva un'ondata di energia, simpatia e amore che rischia di travolgerti. Ha parole di accoglienza per tutti e soluzioni pronte per ogni problema, anche il più delicato. Scrive benissimo, scrive con il cuore le emozioni più profonde, anche quelle che riguardano la mutilazione del proprio corpo, quando necessario. L'ho sentita in diverse occasioni parlare del suo cancro e recitare come una vera attrice frasi come: «Ogni grande avventura lascia di sé un diario che si apre in un giorno insospettabile, dove nemmeno un piccolo dolore si presenta a giustificare l'esistenza di un grande nemico, eppure c'è e ha deciso di mettersi in mezzo tra me e i miei sogni... poi tutto cambia significato: adesso voglio vedere chi vince!

La ferita continua comunque a sanguinare, imbratta l'anima, mi sporca la tuta aggressiva che indosso in ospedale... rifiuto il pigiamino rosa e la vestaglia per bene... ai piedi ho le Nike d'oro, le unghie sono dipinte di verde... tutto questo diventa energia travolgente!».

Del Professore anche Adele conserva un ricordo indelebile che condivide con grande passione con tutti i giovani medici che, a turno, seguono i corsi di aggiornamento in senologia dell'Accademia Veronesi di Inveruno, di cui lei è portavoce per Europa Donna.

Poi c'è stata Ada, la dolcissima Ada, la fondatrice di una delle prime associazioni di volontariato vicine alle donne che, dopo la malattia, da guarite, dovevano essere *attive come prima* e lei ha chiamato così la sua associazione. Ada ha accompagnato il Professore nelle battaglie della prima ora, quando il cancro era innominabile e si è battuta, con tutta la dolcezza che la contraddistingueva, per far uscire dal silenzio, dalla paura e quasi dalla vergogna migliaia di donne. Mi ha lasciato la fiducia, il sorriso, la forza di non mollare mai e di essere disponibile a sostenere le altre donne che all'inizio non sanno come muoversi in questa nuova dimensione della loro vita.

Luana e Donatella, le due toscanacce irriverenti e un po' birbanti, appartengono a un'altra storica associazione toscana che hanno fondato insieme a Pinuccia, una siciliana discreta, saggia, dolcissima, chiusa e riservata ma con un cuore e un'empatia grandi, che dispensa con generosità alle migliaia di *followers* che la seguono sulla sua pagina Facebook. Insomma, un trio insolitamente assortito ma allo stesso tempo ben amalgamato, nel quale femminilità, sensibilità e serietà si fondono con l'allegria di tre simpatiche monelle.

Luana, in particolare, è stata all'inizio la mia madrina (o spina nel fianco a seconda di come la si voglia vedere), quando mi ha letteralmente accompagnata nel muovere i primi passi come presidente di Europa Donna.

All'inizio era tutto un «questo non lo hai fatto, peccato», «l'altra presidente prima di te faceva così», «be', l'attività di quest'anno andrebbe rendicontata in un rapporto formale, perché non c'è?» e così via.

È stata appunto una madrina-matrigna scherzosa, cui devo tantissimo, perché sin dall'inizio è stata la mia guida e il mio stimolo nell'affrontare questo mondo, nuovo per me, dell'*advocacy* e del volontariato. Accanto al suo carattere burbero e ironico convive una vena di generosità e affetto insuperabili. Ne ho avuto una conferma quando, per esempio, parlando recentemente del Professore, mi ha ricordato del suo primo incontro con lui a Roma, al Senato, durante la celebrazione dei 30 anni dalla sua prima quadrantectomia che ha miracolato tante donne.

Ma il ricordo più struggente di Veronesi che Luana mi consegna risale a quando, al termine di un Consiglio del Direttivo di Europa Donna, già provato dal peso degli anni, «venne a trovarci e stringendoci fortissimo le mani, sempre con il suo meraviglioso sorriso, ci disse: "Ragazze, ora ho bisogno della vostra energia". Ogni volta che ci penso piango di amore e tenerezza».

"Rinascere" è il motto di Deliana, la ragazza di Sanremo che con la sua associazione ha aderito sin dall'inizio ai nuovi progetti di Europa Donna.

Timida e riservata all'inizio, con una grande capacità di ascolto, prendeva appunti su tutti e su tutto ciò che si diceva. Una spugna. Imparò presto e infatti, appena comprese la potenzialità e l'efficienza delle Breast Unit e si rese conto che la sua Regione non aveva ancora deliberato per l'adozione di questo modello sanitario per la senologia, si attivò. Contattò la Regione e i suoi funzionari fino a quando non arrivò a organizzare un incontro con l'assessore alla Salute Sonia Viale, Europa Donna e 7 associazioni liguri. Fu un incontro costruttivo durante il quale presentammo tutte le evidenze scientifiche e i vantaggi per la donna di potersi curare nella propria Regione, in centri dedicati e multidisciplinari. Il dato che la convinse ad agire immediatamente fu che le probabilità di guarigione aumentano del 18-20% se la paziente si cura in un centro dedicato che adotta il protocollo europeo previsto dal decreto emesso dal Ministero della Salute.

Sonia Viale non voleva privare le cittadine liguri di questo servizio sanitario e così, grazie alla determinazione e alla sinergia tra le donne delle Istituzioni e le donne della società civile e del volontariato, oggi in Liguria ci sono 5 Centri di Senologia dedicati.

Gli eventi di Europa Donna

Queste le prime donne che mi seguirono, cui piano piano se ne aggiunsero altre fino ad arrivare nei primi tre anni a una quarantina di associazioni.

L'interesse e poi l'adesione ai nostri progetti avvenivano in modo casuale ma virtuoso: nel gioco delle coincidenze una attirava l'altra. I medici furono i primi a segnalarci pazienti e associazioni attive nella loro zona. Quelle iscritte, appena comprendevano il valore della missione comune, quella di essere in tante a far sentire la propria voce, chiamavano altre associazioni della propria Regione o di altre Regioni a unirsi al gruppo.

Gli ospedali, già Breast Unit riconosciute o aspiranti tali, ci contattavano per presentarci le associazioni presenti e operative, perché avevano compreso quanto fosse importante che queste si confrontassero su problematiche comuni. Le vecchie associazioni iscritte anni prima tornavano con vigore e aspettative rinnovate.

A facilitare il flusso aggregativo contribuivano gli eventi nazionali o territoriali durante i quali, a gran voce, chiedevamo l'attuazione delle nostre richieste.

Era passato già un anno dalla costituzione e dovevamo organizzare un'assemblea, la prima, il 22 maggio 2011, a Roma, alle Terme di Caracalla, durante la "Race for the Cure", l'evento simbolo di Komen Italia (un'organizzazione basata sul volontariato, in prima linea nella lotta ai tumori del seno, su tutto il territorio nazionale). "Race for the Cure" è la più grande manifestazione per la lotta ai tumori del seno nel mondo, voluta in Italia dal professor Riccardo Masetti, direttore del Centro integrato di Senologia del Policlinico Gemelli di Roma.

Con la conduzione di chi? Di Daniela Minerva, la più autorevole giornalista di salute de «la Repubblica», che prese così a cuore il nostro impegno che creò all'interno dell'inserto *Salute* del quotidiano una sezione dedicata alla salute del seno. Fu un avvio fortunato per la grande partecipazione all'assemblea e per il seguito mediatico degli anni successivi, offerto dalle pagine di questa sezione. E fu proprio da queste pagine che nacque, anni dopo, «Lottare, vivere, sorridere», il primo blog in Italia dedicato alle pazienti con tumore al seno metastatico, il tumore che si cronicizza e che lascia una qualità della vita discutibile, ma soprattutto confina queste pazienti in un isolamento difficile da sostenere da sole. Il blog è ospitato dai siti *D-La Repubblica* e *Salute Seno* ed è stato un veicolo importante di aggregazione, scambio di ansie e paure, ma anche di gioie, di supporto, di condivisione delle piccole o grandi vittorie quotidiane e, soprattutto, il mezzo che ci consentì di far nascere un'associazione di volontariato dal nome evocativo, "Noi ci siamo", dedicata e riservata alle pazienti che sono costrette a convivere con un tumore cronico.

A fianco di questi spazi riservati alle pazienti e alle attività delle nostre associazioni, c'era poi l'attività di sensibilizzazione vera e propria di lobby civile per accelerare il processo di attuazione del decreto nazionale con le delibere regionali. Presto fu il momento di sensibilizzare l'Assessorato lombardo alla Salute. E così, il 17 giugno 2014, organizzammo un convegno importante, a Milano nel Palazzo Pirelli, dove parteciparono l'assessore e tutti i massimi funzionari regionali, esponenti del

Senato e della Camera, insieme ai presidenti delle società scientifiche e ai capistruttura della senologia degli ospedali lombardi, oltre a tutte le associazioni lombarde collegate a Europa Donna. Centinaia di persone, giornalisti, troupe televisive, social influencer, mariti e simpatizzanti, tutti coordinati dalla bravissima Maria Latella, conduttrice per Sky TG24, per Radio 24, giornalista de «Il Messaggero» e amica storica delle nostre battaglie.

Fu un convegno ad alta partecipazione che si concluse con l'impegno formale dell'assessore di allora a calendarizzare la programmazione del nuovo modello sanitario per la senologia in Lombardia secondo queste nuove direttive.

Da questa chiusura all'euforia collettiva il passo fu breve. Quel giorno è rimasto nella memoria di tutti noi come "Il giorno delle parrucche rosa". Sì, perché al termine del convegno tutti – dico tutti: assessori, personalità politiche, rispettabilissimi scienziati, ricercatori e medici, mariti e mogli e le pazienti ancora in cura o guarite – indossarono con orgoglio una vistosissima parrucca rosa rigorosamente comprata a un euro nel quartiere cinese di Milano. L'effetto cromatico e scenico, la simpatia, l'ironia e la curiosità dei passanti, dei fotografi e dei media furono dilaganti. Avevamo voluto convincere le persone ad attivarsi per trovare la soluzione alle nostre richieste con una protesta gentile.

Un altro finale a sorpresa lo abbiamo organizzato a Firenze, il 28 settembre 2012, quando abbiamo sollecitato al Ministero della Salute il decreto ministeriale per accogliere in Italia le raccomandazioni europee per le famose Breast Unit. Abbiamo convocato il responsabile della programmazione sanitaria del Ministero della Salute, Francesco Bevere. Era lui che avrebbe dovuto sottoscriverne la fattibilità anche sul piano economico: per questo quell'incontro era particolarmente importante per noi!

Una regia perfetta dal punto di vista della sequenza degli interventi. Prevedevano, nell'ordine, i rappresentanti delle società scientifiche che validavano la scelta clinica del modello; i responsabili delle principali e poche Breast Unit già presenti in Italia, che ne avrebbero sottolineato l'efficienza anche sul piano economico oltre che su quello della scelta terapeutica; la voce di tutte le pazienti attraverso quella di Europa Donna; un moderatore scientifico che avrebbe tenuto i tempi televisivi per arrivare ad ascoltare la tesi finale e le proposte della programmazione del Ministero, attraverso la voce del suo massimo rappresentante.

Il suo intervento terminò con la promessa che, con i tempi della cosa pubblica, si sarebbe impegnato a portare in Italia le raccomandazioni europee per una cura d'eccellenza in senologia.

Mi alzai per ringraziarlo brevemente e aggiunsi: «Dottor Bevere, se mi permette, ognuna di noi, in rappresentanza della propria associazione, vorrebbe ringraziarla e lasciarle un piccolo segno, perché questo suo impegno sia una priorità quotidiana per i prossimi mesi».

La regia perfetta di Grazia, amica da sempre e organizzatrice volontaria per l'occasione, fece uscire, in perfetto ordine, circa 70 donne, ciascuna in rappresentanza della propria associazione, con una rosa bianca che porgevano con un «grazie» seguito dal nome dell'ente di volontariato che rappresentavano.

In Bevere lo stupore per il gesto e per la gentilezza con cui gli veniva richiesta una così importante azione per la salute della donna cresceva man mano che le rose diventavano 20, 30 e più fino all'ultima, la settantesima, che gli porsi io.

Fu immortalato con questa montagna di rose in una foto che vidi nel suo ufficio anni dopo, quando lo incontrai a decreto approvato, per un'altra questione operativa.

La riunione di Firenze passò ai nostri annali come il "Convegno delle rose"!

A fianco dei convegni e delle proteste gentili, abbiamo colto e cogliamo le opportunità che ci vengono incontro, proposte da amiche, sostenitori e simpatizzanti.

Per esempio, quella creata da Andrée Ruth Shammah (altra paziente e sostenitrice del Prof) nel suo Teatro Parenti di Milano dove, nel corso degli anni, abbiamo organizzato più momenti importanti di conoscenza, sostegno e sensibilizzazione. Lei stessa, aprendo la nostra prima serata insieme, sottolineò che «il teatro è il luogo in cui può trovare voce la speranza: ha un potere straordinario, catartico come diceva Aristotele. È il luogo dove ogni umana esperienza diventa possibile, condivisa e sostenibile. L'incontro tra Europa Donna e il Teatro Parenti non è casuale perché si riconosce nella comune convinzione che la trasformazione dell'esperienza, anche la più difficile, sia davvero qualcosa di nuovo, di speciale».

Seguì una pièce di Marina Senesi, giornalista RAI e scrittrice, che mise in prosa la sua esperienza di tumore, vista attraverso le reazioni di amici e parenti della malata: lei.

Il titolo del suo monologo, *Se si può raccontare*, è un modo di dire, una frase di uso comune per sottolineare il finale positivo di una situazione in cui si è rischiata la vita.

La narrazione ci accompagna attraverso passaggi emotivi delicati, alcune volte apparentemente impossibili da trattare e invece poi affrontabili perché, nei momenti più difficili, accadono speciali alchimie tra le persone. È un'ora di monologo in cui le lacrime delle risate si confondono con le lacrime del pianto per le emozioni che il racconto suscita negli spettatori.

Riprendo un commento di Marina al suo lavoro, espresso quando, preparando la serata, mi disse con un sorriso: «In fondo Beckett sosteneva: "Quale modo migliore di glorificare l'Altissimo se non quello di ridacchiare con lui dei suoi scherzetti?"».

Dopo la sua coinvolgente rappresentazione presero la parola illustri medici e specialisti che lasciarono la conclusione alle parole del Professore.

«Aggregazione, dialogo, sostegno reciproco sono componenti primarie di Europa Donna. Ma l'obiettivo a lungo termine è più ambizioso: la partecipazione del mondo della cultura, dell'informazione e della politica al tema del tumore al seno ai fini di più incisivi interventi nella prevenzione, diagnosi e trattamento. E soprattutto più sostegno alla ricerca biomolecolare e clinica della malattia.» (U.V.)

La pièce di Marina ha fatto il giro d'Italia in molti degli eventi che abbiamo organizzato, come quello a Firenze nello storico Teatro della Pergola, ricordato in seguito come "L'evento dei ventagli".

Era il 22 giugno 2012, la sera prima dell'assemblea generale di Europa Donna, e avevamo il teatro pieno. Si sa che le circostanze non sono sempre favorevoli, ma l'inventiva femminile di solito vince anche su quelle più avverse. In quei giorni ci fu un'ondata di caldo inaspettata, ma ancor più inaspettata fu l'assenza dell'aria condizionata nel teatro. Mancavano poche ore all'inizio dello spettacolo ed eravamo veramente in panico. Consulto immediato tra noi: la conduttrice della serata, Daniela Vergara (allora quirinalista di Raidue ma anche grande amica e sostenitrice della causa), il team di Europa Donna al completo e il regista dello spettacolo.

Non c'era veramente nulla da fare se non sottoporre gli ospiti a una vera e propria sauna. Finché Daniela non pronunciò la parola magica: il ventaglio! In fondo questo strumento era sempre stato il degno accompagnatore delle signore nelle serate a teatro.

Di corsa uscimmo a fare incetta di ventagli, in tutti i negozi per turisti della città, coordinandoci via telefono su quanti ognuna era riuscita a procurarne. Arrivate a 400 ci fermammo e, con sorpresa degli ospiti (donne e uomini!), all'entrata ognuno veniva dotato del programma e di un coloratissimo ventaglio, di cui conserviamo ancora qualche esemplare in ufficio!

Un'altra importante serata al Teatro Parenti fu quella organizzata con la musica di Ludovico Einaudi al pianoforte e le parole tratte dalle pagine più belle dei libri di Andrea De Carlo. Era una serata di raccolta fondi e intervennero quasi 500 persone nella sala grande del teatro, che Andrée Ruth Shammah ci mise a disposizione per quella serata speciale.

Il Prof non mancò, insieme alla sua Susy, per Europa Donna, per la sua passione per la musica e per la letteratura.

Ancora una volta ricordò l'importanza del Movimento che aveva ispirato nel 1994 e la forza delle donne che avevano colto l'importanza della partecipazione al proprio percorso di cura e di alleanza con le altre donne che si trovano sullo stesso cammino.

Concluse ribadendo con queste parole l'importanza dei centri dedicati alla senologia nel nostro Paese e dei medici che ne fanno parte:

> *«Non è corretto pensare che chiunque possa dedicarsi alla senologia, purché studi l'anatomia del seno e la biologia del carcinoma mammario. Penso invece che si debba avere una sorta di predisposizione, un forte interesse per la salute delle donne e una consapevolezza profonda del loro ruolo nella società e negli equilibri psicologici che la sostengono.» (U.V.)*

Questi frammenti di storia sono solo alcuni dei tanti meravigliosi momenti di piacere, amore, simpatia e dolcezza che mi sono stati donati in tutti questi anni.

Alleanze, vittorie, circostanze generose, risultati dopo tanto lavoro, qualche delusione, qualche caduta, tante battaglie, ma anche tante gioie. In sintesi, una perfetta rappresentazione della vita quando l'accogli e la segui anche quando piove e fa freddo, perché tanto sai che dopo arrivano sempre il sole e il calore.

12
Donne che hanno conosciuto il cancro

Per parlare delle migliaia di donne che hanno incrociato il cancro, ci vorrebbe una collana di libri dedicati. Io, invece, provo in questo capitolo a descrivere solo alcune di quelle che ho conosciuto in tutti questi anni.

Sempre e comunque, quando scoprono di avere un tumore nel proprio corpo, per tutte queste donne la prima reazione è la sorpresa: il cancro arriva senza avvertirti, quindi inaspettato e soprattutto indesiderato, e ti coglie in momenti differenti della vita. Sempre quando sei impegnata in tutt'altro. Le reazioni sono le più svariate: dal rifiuto alla grinta, dalla revisione di progetti esistenti all'invenzione di progetti nuovi.

Si rafforzano o si sciolgono legami importanti. La malattia ti mette a nudo e pone in luce la forza o la debolezza latente di un'unione. Ma il bisogno dell'altro c'è ed è essenziale per affrontare un percorso che si presenta ripido o ripidissimo a seconda della forma in cui il cancro si è impiantato nel tuo corpo.

Comunque, in ogni situazione, cerchi un'amica, un'altra donna, meglio se sa di cosa parli perché anche lei ha fatto la stessa esperienza. Di solito queste donne le trovi in giro per l'Italia, aggregate in associazioni di volontariato con la missione di mettere a fattore comune la loro esperienza e il desiderio di aiutare la prossima "una" che inesorabilmente il cancro incontrerà, all'interno di un gruppo di "nove", come dichiarano purtroppo le statistiche relative a questa patologia.

Francesca

Una giovane giornalista, Francesca Del Rosso, ha guardato il suo cancro da molto vicino, tanto da farlo diventare il coprotagonista di un suo libro dal titolo *Wondy ovvero come si diventa supereroi per guarire dal cancro*. Nella dedica che mi ha scritto nella prima pagina mi dice: «Cara Rosanna, ci siamo incontrate per caso lungo questo cammino, ma sono felice di consegnarti questo mio piccolo grande traguardo».

E lei, lungo questo cammino, è finita in una specie di enorme club molto esclusivo delle donne con tumore al seno. Lì se ne incontrano tante, tutte diverse, ma tutte con una sfida comune da combattere insieme per sentirsi più forti e invincibili… purtroppo non sempre, come nel suo caso.

Veronica

Come Veronica Sogni, finalista a Miss Italia nel 2009. Nel 2012 un tumore al seno e un tragico addio qualche anno dopo. In quel lasso di tempo però, la consapevolezza, la ribellione, ma anche la dolcezza con la quale venne a cercarci in ufficio per conoscere anche le altre donne dello stesso club.

Un giorno camminavamo insieme verso la casa di produzione dove stavamo girando un videoappello alle Istituzioni per accelerare il processo decisionale per l'attuazione delle Breast Unit nelle Regioni. Mi raccontava di sé e della sua scelta di lavoro come modella. Era da poco stata operata con una ricostruzione del seno ed era preoccupata al pensiero che, forse, non sarebbe più stata in grado di sfilare perché «sai, in passerella sfiliamo senza reggiseno per lasciare che la morbidezza del seno si muova con la leggerezza dei tessuti in un unico amalgama nel quale la femminilità sia messa in risalto dall'abito che ci avvolge. Ora il seno ricostruito è rigido e non credo di essere più in grado di sfilare». Me lo diceva con molta dolcezza, consapevole che il suo corpo era soggetto ai voleri della malattia inclemente e irrispettosa della bellezza e della grazia che Veronica aveva ricevuto dalla vita.

Entrammo nella casa di produzione, si truccò e partecipò con il suo volto e il suo appello alle riprese del video collettivo che è ancora in rete. Era una bambina, più giovane delle mie figlie. Il trafiletto del quotidiano che annunciava la sua morte è ancora sulla mia scrivania dentro a una cartella di pelle dove raccolgo piccole note da cui non voglio separarmi mai.

Loredana

L'inclemenza di questa malattia e delle cure necessarie per debellarla lascia dei segni indelebili sul corpo delle donne. Non sempre, per fortuna, la cura prevede la chemioterapia: a volte c'è solo bisogno di un antiormonale, il famoso Tamoxifen.

«Questa cura, bloccando la produzione degli ormoni femminili, si comporta esattamente come se questi ormoni venissero a mancare a causa della menopausa. Il caro Tamoxifen, quando arriva nel tuo corpo, non si pone il problema se tu sia vicina o lontana dalla menopausa. La menopausa la procura lui in brevissimo tempo e tu, da un giorno all'altro, ti ritrovi (a volte anche lontana dai fatidici 50-60 anni classici della menopausa) con tutti i sintomi che arrivano in concomitanza di questo periodo della vita di una donna. Peccato che la menopausa prodotta chimicamente non lasci il tempo al tuo corpo di arrivarci in modo graduale. Senza sconti per la tua femminilità, arriva una bomba interna, una rivoluzione fisica e psichica nel tuo essere donna, brutale, una forma di violenza, quasi un'arma che ti ferisce nel profondo. Semplicemente, il tuo corpo non era pronto e tu ti trovi impreparata a una nuova condizione innaturale e devi farci i conti.»

A parlare così è Loredana Pau, membro del Consiglio direttivo di Europa Donna con la delega alla gestione delle associazioni. Lei è un turbine. In pochi anni è stata capace di individuare, conoscere e convincere più di centocinquanta associazioni di volontariato, in tutta Italia, a far parte della nostra rete. Non lo diresti mai perché è minuta, con i capelli nerissimi e la discrezione dei sardi. Invece, dopo un po' ti accorgi che saltano fuori la sua competenza da imprenditrice, la sua laurea in giurisprudenza, la conoscenza puntuale della patologia e dei diritti previsti dal nostro sistema sanitario, insieme alla generosità da volontaria. Preziosa compagna di viaggio, soprannominata *Pica Pau* per la sua memoria formidabile che non ha nulla da invidiare a Pico della Mirandola.

Carmela

«Ogni storia è una storia» mi dice Carmela Amato, chirurgo oncologico, ma la sua è una storia speciale perché racchiude in sé un'esperienza doppia: quella di medico e quella di paziente, con comprensibilissime contraddizioni personali.

Poi aggiunge: «Sono uno di quei numeri di non efficacia, nella sperimentazione sulla radioterapia intraoperatoria. Furono giorni e mesi di incertezza, definita dall'"inadeguato trattamento" perché un residuo tumorale rimase nel mio seno a farmi compagnia. Un dispetto. Io, chirurgo dedicato alla senologia e responsabile di un'unità operativa di prevenzione dei tumori della mammella, docente di un corso di formazione di senologia presso l'Università degli Studi della mia città. Umile e paziente, reclamavo il diritto di essere curata, urlavo nel buio di quella notte, fui aggredita, violentata, privata della speranza.

Perché a me? Ho fatto un viaggio nel mondo interiore alla ricerca dei valori fondamentali, di riferimenti etici nelle scelte, dimenticati nel corso della vita "frenetica e inutile". Un "collirio" speciale che permette di vedere la realtà e il contesto, l'essenzialità, con occhi nuovi. Pochi valori assoluti che danno senso all'esistere...

Ho lottato e ho smesso quando ho interrotto l'attesa. Quando non sono più voluta restare cristallizzata in quella vita sospesa tra ieri e domani. La vita è oggi, con tutto quello che c'è: il bello e il brutto, perché quando accetti il prezzo del biglietto è tutto compreso, non puoi scegliere, percorri una strada già costruita di cui non conosci la meta. E allora come cambiare? Così nel 2005, con amici e amiche, pazienti e compagni di vita, si sviluppò un dovere sociale e, insieme per un nuovo cammino, fondammo Serena a Palermo Onlus, un'associazione di volontariato con l'impegno nell'*advocacy* per i diritti delle donne operate al seno, per quei diritti che non possono essere negati per area geografica. Noi donne dopo le cure desideriamo tornare alla normalità.

"Il compito non è guarire ma curare" mi diceva Gianni Bonadonna, grande oncologo dell'Istituto dei Tumori di Milano, che mi raccontava cosa si prova quando improvvisamente ci si trova "dall'altra parte", quando si percorrono le corsie e i corridoi degli ospedali non da medico ma da sofferente, angosciato e disperato, da paziente. Rendersi conto, sulla propria pelle, di cosa può determinare per la persona malata e per i suoi cari la malattia. Ho elaborato ancora di più la certezza che un adeguato rapporto tra il medico e il paziente, fondato sulla disponibilità, la fiducia, il reciproco ascolto, è la linea guida più sicura per il buon risultato».

Edna

Edna Maria Ghobert è una donna straordinaria: anche lei ha costituito la sua associazione – l'ASI (Associazione Senologica Internazionale) di Pisa – dopo il tumore, restituendo alla comunità un'organizzazione di riferimento per il Centro Clinico Senologico di Pisa. Lei si è inventata Hollywood a Pisa con il suo evento annuale di raccolta fondi: "Make a change", presso La Fornace di Montelupo Fiorentino. La serata è una di quelle cui partecipa tutta la gente che conta, alla quale è un *must* presenziare, specie se si appartiene al mondo dell'imprenditoria, della clinica, dello spettacolo, delle istituzioni sanitarie, dei media e degli opinion leader.

Ogni edizione aggrega dalle 400 alle 500 persone, tutte rigorosamente in abito da sera e tutte pronte a sostenere la battaglia di Edna contro il cancro. Edna lavora per circa un anno a quest'evento che, magicamente, raccoglie il meglio della gastronomia, della musica, dello spettacolo, delle tradizioni regionali. L'invito recita infatti "live music, live performance", il meglio – in altre parole – di ciò che si può trovare in una serata che dispensa sorrisi e serenità in un grande inno alla vita. Ma il risultato migliore si ottiene quando si tirano le somme della generosità degli ospiti che lasciano dietro di sé ciò che serve a migliorare, ancora per un altro anno, la qualità di vita delle pazienti della senologia del territorio.

Eleonora

In tutto ciò, cercare di mantenere la propria bellezza, specie durante il periodo della cura quando questa si propone sotto forma di chemioterapia, è un lavoro, è una fissazione, è un impegno vero e proprio. Lo sa bene Eleonora Caserta di Bronte, luogo magico dei pistacchi siciliani! Ero in Sicilia, un giorno, ospite dell'associazione Il Filo della Vita di cui lei fa parte, e capitò di bere un caffè insieme.

Come spesso succede in queste occasioni, si inizia a raccontare perché ci si trova lì in quel momento e in quel viaggio.

Lei è bella nonostante la sua maturità, curata ed elegante, ma anche forte, determinata e volitiva. Lo si percepiva sin dalle prime battute della conversazione. Mi disse di essere sempre stata attenta al suo aspetto e non voleva che questo venisse meno anche durante la chemioterapia e mentre svolgeva i suoi incarichi ufficiali da dirigente della Pubblica Amministrazione, nonché quelli volontari nella lotta per le pari opportunità alla guida di un'associazione internazionale che in Sicilia l'aveva eletta a sua rappresentante. All'improvviso anche a lei arrivò la sentenza, quindi la visita e l'intervento in uno dei centri di eccellenza siciliani, l'Humanitas. Tutto bene, ma poi fu necessario continuare con una cura forte. Conosceva bene le conseguenze di ciò che le stavano proponendo. Non si arrese. Prese il primo aereo per Milano in cerca di un secondo parere.

Nello studio del professor Veronesi: «Perché sei qui?».

«Desidero che lei mi dica che non devo fare la chemioterapia, perché non voglio perdere i miei capelli.»

«Allora facciamo così: raccontami bene il perché e se vuoi anche un po' di ciò che fai nella tua vita.»

«Professore, vorrei dirle tutto, tante cose, ma non vorrei farle perdere troppo tempo.»

«Non preoccuparti, ho tutto il tempo che vuoi, ti ascolto.»

Alla fine, si alzò e come un padre può fare con la propria figlia, la abbracciò e le disse: «Sai, questo tumore è piccolo ma insidioso. Diciamo un po' capricciosetto. Tu hai una figlia e dei nipotini, che immagino tu voglia vedere crescere. Quindi, se li vuoi vedere crescere, non puoi scegliere: devi fare la chemio, per essere certa che questo cancro sia debellato fino in fondo. Vedrai, i capelli diventeranno anche più forti e più belli di prima. Non devi fare ciò che ti dico io, ma ciò che è necessario fare. Fatti guidare, fai quello che devi fare e segui i consigli del bravissimo professor Caruso».

Nel frattempo, era arrivato il caffè ed Eleonora aggiunse: «Il Professore mi salutò con un abbraccio che non dimenticherò mai. Mi aveva convinta!».

Gli occhi, esaltati da un rimmel nero, si socchiusero mentre avvicinava la tazza per gustare il primo sorso di caffè; poi, posando la tazza sul tavolino, li riaprì. Erano diventati più brillanti, più lucidi.

Adriana

Il Professore aveva convinto Eleonora, ma anche Adriana Mavellia che a Milano ha rappresentato un punto fermo nella professione delle relazioni pubbliche. Un mestiere che ci ha viste insieme all'avvio di una bellissima start-up che abbiamo portato al successo in circa 15 anni di lavoro, fino a quando non abbiamo deciso di separarci per continuare su strade diverse.

Ci siamo riviste negli anni successivi per aggiornarci sui nostri percorsi imprenditoriali, ma anche per raccontarci altre esperienze comuni come lo stesso cancro e lo stesso Medico. Le paure di Adriana lui le sconfisse quando, prima dell'intervento, la rassicurò che avrebbe fatto di tutto per non rovinare quel bel piccolo seno, che «stava in una coppa di champagne». Adriana la racconta oggi con il sorriso sulle labbra, un po' di malizia femminile ma anche molta riconoscenza per il grande Professore.

Claudia

E c'è anche chi mi ha detto: «Sono uscita più bella di prima». Claudia Bortolato è responsabile legale all'ospedale di Circolo di Varese e il tumore le è stato diagnosticato a 44 anni, dopo due gravidanze e allattamenti, quindi l'intervento ai due seni ha rimodellato ciò che la natura aveva forse un po' sciupato. «Guardandomi allo specchio e vedendomi rimodellato il seno così bene, mi sono detta che in fondo era stata una bella esperienza, per questo ma anche per la comprensione e l'accoglienza del Professore e del personale del reparto.»

Maria Grazia

Ognuna di noi fa mille cose per mantenere la bellezza del proprio corpo come prima che tutto ci accadesse inaspettatamente. Bellezza e forma fisica sono in perfetta sintonia, come mi racconta Maria Grazia Punzo che, a Roma, si allena due volte la settimana, a Castel Gandolfo, insieme a 56 amiche di Pagaie Rosa Onlus.

«Tutto nasce» mi racconta «nel 1996 quando, in Canada, la moglie di un medico sportivo, Don McKensey, si ammala di un tumore al seno. Lui, per evitare l'insorgere di un linfedema post-operatorio, suggerisce alla moglie di far parte di uno studio clinico che avrebbe avviato con 22 pazienti e un *dragon boat* [una canoa a 20 posti, che prende il nome dalla caratteristica testa di drago posta sulla punta, NdA]. Secondo il professor McKensey, il movimento della pagaia avrebbe simulato il massaggio del linfodrenaggio con il carico e scarico naturale della pressione della linfa.

Lo studio diede ottimi risultati fisici, ma contribuì a sostenere le pazienti anche sul piano psicologico, viste le analogie che questa esperienza porta con sé: il lavoro di squadra contro l'isolamento; la condizione del luogo dove si svolge la gara… tutti nella stessa barca; la destinazione, ovvero il raggiungimento di un fine, quello di uscire da un tunnel nel quale la vita ti ha fatto entrare; infine, la gara tra equipaggi che diventano tutti motori per il passaggio da una situazione in cui credi sia tutto finito a un'altra nella quale sei protagonista di un'energia che sei in grado di attivare tu.»

Maria Grazia mi racconta infine che «in Italia questa disciplina ha preso piede nel 2002 e oggi possiamo contare su 35 squadre che partecipano a tutti i campionati internazionali, posizionandosi sempre ai primi posti, su centinaia di squadre nazionali, visto che dal Canada i *dragon boats* si sono diffusi in quasi tutti i continenti ma soprattutto nei Paesi ricchi di fiumi o laghi con acque piatte».

«Sono molto contenta» aggiunge «del lavoro che abbiamo fatto sia sul piano della sempre più alta partecipazione degli equipaggi sia sul piano dell'autorevolezza che abbiamo raggiunto con gli oncologi e i chirurghi per i quali riabilitazione, psiche e sport producono risultati sorprendenti.»

Maria Grazia ricopre una posizione importante nel settore dell'informatica e ha applicato la sua professionalità a questa attività di volontariato, creando molta eco in rete su questa disciplina sportiva che fino a qualche anno fa era esclusivo appannaggio maschile. Anche lei, appena la senti, capisci che ha decisamente una marcia in più.

Maria

Dello stile di vita fa parte anche il regime alimentare, come quello che Maria Lischetti ha imparato direttamente dal professor Veronesi, quando lo ha incontrato per eliminare un bell'intruso di 4 cm al seno sinistro. Era il 2007 e appena lo ha scoperto, si è fatta le domande classiche: «Adesso cosa faccio? Dove vado?».

Lavorava a Varese nell'ufficio risorse umane di un grosso gruppo industriale, ma fino a quel momento non aveva messo in conto l'evenienza di un inconveniente di questo tipo. Il rapporto con il suo medico è continuato anche negli anni seguenti quando, tra un esame e l'altro, insieme facevano il punto sull'andamento delle cure e sulla reazione del suo organismo. «È stato durante quegli appuntamenti che ho compreso come dovessi prendermi più cura di me e come avrei dovuto alimentarmi per stare meglio e consentire al mio fisico di stare più in forma. Ma oltre a questo – oggi sono vegetariana – guardando indietro posso dire di aver ridimensionato la parola terribile: cancro. Non ho più paura di lui perché il team che si è preso cura di me ha avuto la capacità di rendere tutto più accettabile, di far sì che trovassi in me la forza per affrontarlo, restituendomi la serenità che avevo perso per qualche tempo. In poche parole, mi dissero: se ti vuoi bene tu senza stress, anche tutti gli altri ti vorranno più bene!»

Patrizia

Patrizia è nata in Sicilia, una terra piena di luce, calore e tanta bellezza. Ha lasciato presto il suo luogo dell'anima per trasferirsi a Milano per lavoro. La sua formazione nel mondo bancario internazionale, un ambito prevalentemente maschile, l'ha portata a viaggiare molto, a conoscere e apprezzare il valore delle relazioni nel rispetto delle diversità culturali e le ha dato gli strumenti necessari per diventare una donna autonoma, capace di "sedersi al tavolo delle decisioni" e di gestire situazioni complesse.

Un giorno, anche lei incontra il tumore e, tanto per cambiare, arriva all'improvviso, come un pugno nello stomaco. Patrizia mi racconta: «Dopo la diagnosi, ho pensato alle tante esperienze vissute e capito che anche questa volta, forse più che mai, erano necessarie forza ed energia. Non potevo delegare: ero io a dover prendermi cura della mia salute e attivamente collaborare con fiducia con i medici. Come mamma e moglie avrei voluto proteggere i miei cari da tanto dolore ma, al contempo, non potevo escluderli perché dal loro amore potevo attingere la forza e la speranza per combattere questo male. In quei lunghi mesi di cure ho sfoderato grinta e ironia. Ho scelto le poche persone che volevo vicine e nei momenti di quiete o stanchezza ho letto un bellissimo libro che mi ha aiutato ad attivare la mia fantasia nei tanti giorni passati in casa. Uno dei passaggi più delicati per una donna, in questo percorso di cure lunghe e spesso complesse, è la perdita dei capelli, che può rappresentare un vero trauma se affrontato senza preparazione. Ho cercato i migliori professionisti che mi hanno donato una qualità di vita differente e ho imparato a curare sempre il mio look. È un diritto di ogni donna sentirsi bella sempre, nonostante il tumore e le emozioni contrastanti, nonostante il peso di sguardi imbarazzati, anche di chi ti vuol bene! In alcuni momenti mi sono sentita anche più bella di prima!

C'è una fase successiva assai importante alla fine delle cure, da non trascurare. La vita non torna più come prima, bisogna essere veloci a voltare pagina... imparare a correre perché quel nemico è sempre in agguato e non vogliamo ci trovi più. La ricetta del cambiamento è lunga e prende tempo. Potrei riassumerla così: volersi più bene, avere il coraggio di buttare via qualcosa di ingombrante e mettere in atto una nuova vibrante progettualità».

Alberta

Alberta Ferrari, chirurgo senologo nella Breast Unit del San Matteo di Pavia, di bellezza sa tutto da quando i mass media hanno dipinto come un'esasperazione hollywoodiana e un capriccio di Angelina Jolie il suo intervento di mastectomia bilaterale profilattica, motivato da una mutazione genetica (detta BRCA) che fa rientrare l'attrice nelle donne ad alto rischio, quelle per cui la probabilità di avere un cancro al seno – ereditata da un genitore – è elevatissima.

Sono anni che Alberta si occupa di queste donne con ricerche, studi e aggiornamenti scientifici. «Il caso Jolie è arrivato» mi spiega «nel 2013, proprio quando la comunità scientifica italiana aveva da qualche anno iniziato ad analizzare il fenomeno, specie nelle pazienti giovani con questo tipo di familiarità. Inizialmente non si sapeva molto, ma il caso Jolie, seppur esaltato dal sensazionalismo dei media, ha sollevato il problema e la consapevolezza presso le donne e ha accelerato interesse e partecipazione da parte della classe medica.»

Con Alberta abbiamo iniziato da subito a collaborare. Volevamo informare e promuovere l'accesso ai test genetici per l'identificazione di donne con mutazione BRCA e raccoglierle in un gruppo di lavoro. Le donne con questa mutazione, in Italia, sono circa 5.000 e dal gruppo di lavoro alla creazione di una rete dedicata, fino alla costituzione di un'associazione pazienti specifica, il passo è stato breve. Il nome "aBRCAdaBRA" è un gioco di parole con la sigla BRCA e il logo è una fata con la bacchetta magica che, simbolicamente, rappresenta la conoscenza e l'informazione corretta sulla biologia di questo tumore e le conseguenze che produce: consente di scegliere consapevolmente se attivare una sorveglianza intensiva o una chirurgia profilattica senologica, senza effetti imitativi, senza modelli di riferimento hollywoodiani, ma scegliendo davvero ciò che è meglio per sé e per la propria vita.

Tutto questo lavoro Alberta lo fa in stretta collaborazione con le donne dell'associazione "aBRCAdaBRA" che, come e forse più delle altre associazioni di Europa Donna, prosegue il loro tenace lavoro di divulgazione e *advocacy*. Non a caso Alberta, salutando dal suo blog su «L'Espresso» online una delle fondatrici di "aBRCAdaBRA", attivista motivata e instancabile fino all'ultimo per la conoscenza di questa malattia, ha scritto: «Fabi, noi non ci fermeremo mai!».

Enza

Anche a Melilli non ci si ferma mai. Melilli fa parte del polo petrolchimico in provincia di Siracusa: lì abita Enza Marchica, vicesegretario al Comune e da 20 anni consulente revisore dei conti in diverse realtà siciliane. Lei non si ferma mai, nemmeno di fronte a più di un tumore: prima quello al palato molle mentre iniziava la sua vita matrimoniale, poi quello al seno 7 anni fa, dopo quello di sua nonna e di sua zia. La lista delle persone della sua famiglia colpite dal cancro non esclude la madre, il padre e i suoi fratelli. La zona, del resto, ha un indice di frequenza dei tumori nella popolazione sopra la media.

Sorridendo mi dice: «Quando il tumore ha colpito le mie corde vocali, per un po' non potevo parlare e allora, siccome sono una chiacchierona, scrivevo e continuavo a scrivere a tutti per tutto il giorno: come sai ho un carattere forte e per questo non mi sono spaventata mai! Sono molto credente e questo mi ha sempre dato la forza di affrontare tutto e di andare avanti con fiducia».

Lei è una donna che sprizza vitalità, sorrisi e affetto, con una generosità insolita persino per una donna del Sud. Enza è bella e solare, ma più di tutto sempre disponibile. Per questo tre anni fa è diventata presidente dell'associazione Il Filo della Vita, che ha raggiunto più di 500 iscritti e buona parte di questi riesce a coinvolgerli in campagne di sensibilizzazione per una maggiore adesione agli screening regionali per i controlli periodici al seno. E poi, per distogliere le pazienti dalle naturali tensioni durante la cura, si è inventata i laboratori creativi artistici tra creta, gioielleria, découpage, letteratura, teatro, sport e molto altro. Le donne che incontrano il cancro sono forti, quelle che ne incontrano più d'uno sono fortissime!

Beatrice

A volte invece si è spaventate, quindi deboli e allora serve un medico che ti dica: «"Adesso basta, devi dimostrare di essere più forte di lui (il cancro ovviamente)!" Quando il professor Veronesi pronunciò queste parole stavo per affrontare il mio primo intervento al seno. Ero corsa da lui altre volte, per problemi minori, ma ogni volta ero in preda a grandi paure che mi lasciavano frastornata e come paralizzata».

A raccontarlo è Beatrice Bottazzi, aggiungendo che tutto avvenne così in fretta che quella volta non ebbe quasi il tempo di accorgersi e spaventarsi di ciò che stava succedendo, poiché il tempo che passò dalla visita in studio all'intervento allo IEO fu così breve (nemmeno 48 ore) che, con ironia, il Professore quando la vide in sala operatoria le disse: «Ma Bea, come hai fatto a ottenere tutto così in fretta? Sei amica di Berlusconi!?».

Questa leggerezza, insieme alla grande professionalità di Veronesi, accompagnata dal sostegno della propria rete di amici e familiari, è stata l'arma di cui Bea aveva bisogno per combattere ciò che le stava succedendo. Non si è più sentita indifesa e questo l'ha aiutata a superare tutto: così, quando il secondo tumore al seno si è presentato dopo 10 anni, l'ha trovata forte e preparata, quasi serena, lasciando lui (sempre il cancro!) sorpreso e contrariato.

Alessandra

A fianco di tutte queste donne esistono degli angeli, uomini o donne, che accolgono le difficoltà che una paziente deve affrontare per uscire dalla malattia e che sono al loro fianco con un sorriso, con una carezza. Si chiamano *caregiver* con una fredda terminologia anglosassone, ma il senso del *care*, del "prendersi cura" che loro offrono, assume forme diverse, come quella di una poesia che Alessandra Minghetti (poeta sociale, come ama definirsi, ma anche affermata *financial advisor* all'interno di un colosso bancario internazionale) ha dedicato a una sua amica del cuore, quasi una sorella, che ha accompagnato fino al termine dei suoi giorni.

«Le donne senza i capelli hanno lo smalto ai piedi
ci attraversa quotidianamente
il disagio delle parole mancanti
come fosse un malessere

eppure
le donne senza capelli
hanno lo smalto ai piedi.»

Ricki

Segno importante di vita, questo smalto era come la parrucca rosso fiamma che mia cognata Ricki indossava nei giorni della chemioterapia che l'aveva privata dei suoi bellissimi capelli biondi. Sulle labbra un rossetto, della stessa tonalità della parrucca, incorniciava un sorriso aperto e smagliante. Sfoggiò questa *mise* una sera per andare a cena in un ristorante a celebrare un anniversario. Stessa tonalità anche per lo smalto, naturalmente. Era bellissima e non voleva cedere il passo alla malattia e alle cure che tentavano di appropriarsi della sua grazia e della sua vita. Era il suo modo di reagire e di celebrare il resto della vita che le rimaneva con la stessa serenità e la stessa gioia che l'avevano sempre contraddistinta.

La cura e la bellezza del proprio corpo, anche in questi momenti così delicati, sono parte integrante della terapia e lo sanno bene le donne, le associazioni di volontariato e gli psiconcologi che fanno parte dei team di sostegno negli ospedali. Tutti loro conoscono bene l'importanza della dignità della persona e, specie per una donna, la gradevolezza della propria immagine verso gli altri, ma più di tutto verso se stessa.

Sono sempre stata dalla parte delle donne, ma oggi che le conosco una per una, sento di amarle ancora di più. Sono donne meravigliose che hanno tatuato un fiore o una farfalla sopra le loro ferite, anche quelle dell'anima. Per me è stato come aver scoperto un mondo nuovo dove ci si scambia forza e sensibilità, dove anche un semplice sorriso diventa energia per proseguire, dove il fascino gioca con l'ironia, la leggerezza fa volare lo spirito e dove non esistono più confini. Sono felice di stare con loro ma lo sono ancora di più pensando che loro, ogni giorno, scelgono di far parte di questa squadra, ormai diventata l'esercito di Europa Donna. Ascoltare, rappresentare i propri bisogni, sostenere i propri diritti a fianco delle scelte della medicina, non è ciò che il Prof aveva intuito, quando disegnò un'*advocacy* europea per la prevenzione e la salute del seno in Europa?

13
Il Professore e il cinema

Il cinema era la passione di Veronesi. Dei film che aveva visto, più che la trama, a volte mi raccontava brevemente ciò che rappresentavano per lui in termini di valori, sentimenti, problematiche o sfide.

Quando me ne parlava, aggiungeva che, a volte, ne vedeva due per sera con sua moglie Susy. Mi diceva che comunque dormiva poco e che quindi andare a letto tardi, anche se doveva alzarsi molto presto la mattina, non gli comportava alcun sacrificio.

Mi raccontava spesso di questa sua passione e un giorno aggiunse anche che, per timore di dimenticarsi l'aspetto che di quel film lo aveva colpito di più, appena tornato a casa lo scriveva sul suo ricettario. «Sai, ne ho messi insieme più di 300! Sono tutti raccolti per anno, per mese e luogo di visione.»

A quel punto mi venne spontaneo proporgli di cercare un editore e di pubblicarli in un volume.

La prima reazione fu: «Ma dai, a chi vuoi che interessi conoscere il mio parere su un determinato film? Ti ripeto, non sono appunti sul valore artistico, cinematografico delle interpretazioni, della sceneggiatura, della fotografia o delle musiche: sono solo le mie sensazioni su ciò che ho visto, l'impatto immediato che ogni film ha avuto sulla mia psicologia, sulla mia cultura e sui miei valori etici, niente di più».

Tra una parola e l'altra di questo diniego, ho colto in realtà nel suo sorriso un pizzico di piacere pensando per un momento che, dopo tanti libri dedicati ai suoi interessi primari – la medicina, la ricerca, l'uomo –, ce ne potesse essere uno dedicato a un'altra sua grande passione: il cinema, cui assegnava un ruolo completo nel mondo dell'arte, per la sua capacità di trasferire allo spettatore messaggi forti e educativi. Lui, che si è sempre battuto contro la violenza e i conflitti, attribuiva a film come *Orizzonti di gloria* di Stanley Kubrick e *Torneranno i prati* di Ermanno Olmi grandi meriti per la loro capacità di opporsi alla guerra.

Era un progetto insolito, ma il Professore stava per compiere 90 anni e così pensai che avrebbe potuto essere un bel regalo per celebrare il suo anniversario con "Gli Amici del Venerdì", il club di milanesi innamorati della loro città, di cui entrambi facevamo parte.

La prima persona che coinvolsi fu Lucia Racca: lei custodiva la sequenza completa degli oltre 300 appunti manoscritti sui preziosi ricettari e sarebbe stata la persona ideale per trascriverli, così da iniziare a presentarli all'editore.

Trovato l'editore, avevamo bisogno di un curatore che avrebbe dovuto identificare la sequenza e la logica aggregazione dei titoli e dei commenti. Ne parlai con mia figlia Francesca, autrice e copywriter e, in un momento, la squadra tutta al femminile per questo progetto editoriale era pronta a partire. Mancava solo l'approvazione dell'autore! Andai un giorno a trovarlo nel suo ufficio allo IEO con un appuntamento fissato da Lucia, senza tanti dettagli sul motivo dell'incontro.

Ci presentammo insieme davanti alla sua scrivania e andammo subito al punto.

«Abbiamo trascritto tutti gli appunti dei tuoi film, li abbiamo ordinati e catalogati, abbiamo trovato l'editore, abbiamo anche individuato un'associazione a cui donare il ricavato delle vendite, abbiamo chi organizzerà l'evento di presentazione a Roma. Ora dovresti fare solo due cose: dire di sì all'idea e rilasciare un'intervista a Margherita Sigillò che utilizzeremo a Roma all'evento dell'associazione MediCinema – *Feel Better With Film*, l'organizzazione che crea sale cinematografiche all'interno dei principali ospedali italiani.»

Avevamo puntato, Lucia e io, a valorizzare tutti gli aspetti positivi del progetto, contando nel suo consenso. La grande funzione educativa e culturale che lui assegnava al cinema, il fatto che i fondi raccolti sarebbero andati a una ONG che aveva come missione quella di far entrare il cinema in sale dedicate negli ospedali, l'entusiasmo dell'editore all'idea di pubblicare un libro in grado di mostrare un volto diverso del Professore, quello di amante del cinema, invece di quello ben più noto di grande medico; e infine, il fatto che avevamo creato un team di donne-professioniste che si sarebbero divertite a portare avanti insieme questo regalo per i suoi 90 anni.

Con queste motivazioni sarebbe stato francamente difficile per lui dirci di no e così il team si mise all'opera. Francesca alla classificazione dei commenti e Margherita all'organizzazione della presentazione del libro (pubblicato nel 2015 dalla Utet, gruppo De Agostini, con il titolo *Tre sere alla settimana – 300 film, 12 anni di passione cinematografica*), oltre che alla video-intervista che sarebbe stata proiettata nel corso della serata, visto che ormai Veronesi non viaggiava più. Fu mentre si registrava che Margherita ricordò al Professore di essere stata una sua paziente all'Istituto dei Tumori anni prima e di come lui l'avesse salvata da un tumore alla gola. L'emozione per lei fu grande nell'avere l'occasione, dopo tanto tempo, di rivederlo e di ricordargli quanto la sua disponibilità e umanità l'avessero aiutata a ritrovare presto fiducia in se stessa e di conseguenza a riprendere le fila del suo lavoro, nell'agenzia che dirigeva.

L'intervista riuscì benissimo, forse anche per il clima di affettuoso rispetto che si era stabilito nell'ufficio della direzione scientifica del suo ospedale. Anche la serata romana fu un successo. Fu organizzata a Villa Aurelia, aperta per l'occasione. Situata sulla cima del Gianicolo, Villa Aurelia domina la città dall'alto ed è proprietà dell'American Academy. Vi parteciparono i rappresentanti della Roma della cultura e dello spettacolo, oltre a quelli degli ospedali del progetto MediCinema.

Anni prima, quando la passione di Veronesi per il cinema non era così nota, mi chiamò Mario Balsamo, autore del cortometraggio *Noi non siamo come James Bond*. Era il 2012 e voleva presentare il suo film a Milano al Cinema Oberdan per poi offrire i proventi della raccolta fondi della serata a Europa Donna. Incontrai Balsamo e lo sceneggiatore, Guido Gabrielli, per farmi raccontare del film e il motivo per cui mi avevano contattata.

Erano due simpatici romani, professionisti del cinema, che avevano pensato di rappresentare un soggetto autobiografico con una vena ironica ma molto profonda. Mario e Guido avevano superato entrambi un tumore nello stesso periodo e così avevano deciso di raccontare la loro storia prendendo spunto dalla passione che avevano da ragazzini per i viaggi, il glamour e il mito James Bond.

Come pretesto del racconto si erano inventati una missione: incontrare Sean Connery a Los Angeles.

Inutile dire che non si rivela affatto facile trovarlo, ma i due lavorano ugualmente per realizzare il loro sogno e contattano la segretaria dell'attore, sentendosi continuamente rimandare l'appuntamento. Intanto, sempre nel film, viene dato spazio al loro convivere con le cure imposte dalla malattia; ma appena possono indossano lo smoking per emulare il loro eroe nelle circostanze più strane. Sanno di essere fragili, sanno di non essere come l'invincibile James Bond, ma non vogliono rinunciare ai sogni e alla leggerezza che quel mito rappresentava per loro da ragazzi. Alla fine, non ce la fanno a oltrepassare le barriere della segretaria e dell'agente dell'attore scozzese, ma riescono a superare la malattia che li aveva colpiti.

Il film termina con loro che, in smoking, corrono verso il mare sulla spiaggia di Sabaudia, felici per avere ripreso in mano la propria vita ma mantenendo nel cuore il loro spirito d'avventura.

Il film aveva appena ottenuto un premio al Festival del Cinema di Torino e mi dissero che il grande Carlo Verdone aveva commentato così il loro lavoro: «Questo *Noi non siamo come James Bond* ammette che non siamo indistruttibili e nemmeno forti come lui, siamo invece degli esseri molto umani che possono avere delle fragilità e delle défaillance. Per me questo corto è un gioiellino».

Dopo questo bellissimo racconto e dopo avermi regalato una copia del film, aggiunsero che avevano appunto pensato a una serata di raccolta fondi in favore di Europa Donna al Cinema d'essai Oberdan di Milano. Aggiunsero anche che avrebbero voluto avere il Professore come "padrino" per la serata, nella sua veste di grande oncologo, non in quella di appassionato di cinema, che ai tempi, come detto, non era ancora nota.

Ancora una volta Lucia, cui presentai la proposta, si fece dire subito di sì e quella sera, con il cinema al completo, il professore e sua moglie Susy erano presenti in prima fila.

14
Il giorno in cui è mancato

Tra dolore e testimonianza

Nell'ultimo anno le presenze di Veronesi in ospedale, in studio e negli eventi istituzionali andavano riducendosi sempre più. Quando andavo a trovarlo in studio, negli ultimi mesi, le persone nella sala d'attesa erano sempre meno: Giusi aveva ridotto notevolmente le richieste di visite di nuovi pazienti in base alle forze del Professore.

In una di queste ultime volte volle che mi sedessi a fianco della sua scrivania e non, come di solito, di fronte. Mi guardava negli occhi e mi parlava come un amico, non come il mio medico. Sembrava non dare troppo significato alla vita, la sua. Guardava indietro per la prima volta sostenendo che aveva visto tanto, lavorato intensamente, combattuto ignoranza e prevaricazione e cercato di sconfiggere il suo nemico giurato, il cancro, senza esserci riuscito fino in fondo.

Per la prima volta non mi parlò di nuovi progetti a cui stava lavorando. Era molto sereno, forse si era un po' arreso al corso della vita. Quella per la quale aveva combattuto per tutti, con la tenacia che conosciamo. Ho solo un rammarico, quello di non essere ritornata a trovarlo ancora una volta. Quella è stata l'ultima volta che l'ho visto nel suo studio, seduto alla sua scrivania, salutarmi con un sorriso mentre uscivo dalla porta del suo ufficio. Io con un gran nodo in gola.

8 novembre 2016. Quella mattina stavo partendo per Reggio Calabria con il primo volo. Intorno alle 8 ero al *gate* di Linate e mi stavo imbarcando. Ricevetti una telefonata: qualcuno mi disse che qualche ora prima il professor Veronesi era mancato.

Stavo andando, come mi aveva insegnato lui, a incontrare l'assessore regionale alla Salute, insieme alle associazioni calabresi della nostra rete, per sollecitare l'attuazione anche in quella Regione dei Centri di Senologia Multidisciplinari. Mancavano gli ultimi passi: volevamo programmare insieme il piano di lavoro e volevamo che in Regione si conoscessero le istanze delle pazienti per la prevenzione e per la qualità della cura.

Non ci pensai un attimo: mi alzai, lasciai alla mia collaboratrice le istruzioni e le scuse da portare ai nostri interlocutori e in un attimo salii su un taxi e di corsa in ufficio.

Il telefono squillava in continuazione e cercavamo, per la parte che ci competeva, di rispondere e contribuire come potevamo a gestire quel momento così drammatico.

Europa Donna era la voce delle pazienti, Rosanna la paziente numero zero dello IEO.

Furono giorni convulsi e di sconcerto, in cui i ricordi più belli si alternavano al dolore per la perdita di una guida insostituibile. Ognuno si confrontava con l'altro: medici, amici, giornalisti, pazienti, associazioni italiane, tutte le sedi internazionali di Europa Donna. Di queste ultime, quasi tutte avevano conosciuto, in momenti diversi, il Professore e tutte volevano sapere di più.

Ero frastornata: nella fragilità del dolore dovevo dare spazio alla lucidità delle risposte da fornire ai giornalisti della televisione, che volevano riprendere e raccontare la lunga storia del grande medico milanese vista dall'angolazione delle pazienti; alle trasmissioni romane come *Porta a Porta* o *Uno mattina*; ai quotidiani e settimanali che volevano sapere di più del nostro lavoro di *advocates* per i diritti delle pazienti e come mai il Professore aveva voluto il nostro Movimento con una dimensione europea.

Ho mantenuto il sangue freddo per tutto il tempo, tranne quando la troupe del TG1 ha voluto ripercorrere, attraverso la mia voce, i primi momenti di attività della cura allo IEO. Mi hanno intervistata all'Istituto, proprio sotto le finestre della mia camera tra l'ospedale e il maneggio. Giustamente, dal punto di vista della notizia televisiva c'erano tutti gli elementi per un perfetto *storytelling* da realizzare con grande professionalità: il luogo, l'inizio, la voce narrante coinvolta (io) e sullo sfondo la realizzazione della grande opera ospedaliera voluta dal Professore.

Mi avevano raccontato come avrebbero montato il servizio, le riprese esterne che volevano fare, la mia figura ripresa da lontano mentre racconto, salvo un paio di primi piani, e le domande che una bravissima giornalista mi avrebbe rivolto.

Era tutto pronto e anche il tempo clemente e una luce buona per le tre del pomeriggio di un inizio di novembre a Milano aiutarono nella riuscita del servizio.

Io però, prima di girare, fui assalita dall'emozione di rivedere quella finestra che, da quella prospettiva esterna, non avevo mai visto.

Rividi me stessa e, in un secondo, mi assalirono tutti i ricordi e i pensieri che mi avevano accompagnato la notte prima dell'intervento, proprio guardando dalla finestra della mia camera quei campi che circondano ancora oggi lo IEO. Non avrei potuto affrontare l'intervista con quel carico emotivo. Il mio sguardo incrociò quello della giornalista che stava per intervistarmi e non ci fu bisogno di molte parole. Una piccola pausa prima di iniziare. Mi allontanai da lei e dalla troupe, raggiunsi l'angolo del muro, dove sicuramente non sarei stata vista, e con gli occhi pieni di lacrime guardai il cielo, lasciai che tutta l'emozione si sciogliesse, accolsi il dolore e la gioia che avevo ricevuto nella mia vita e per qualche minuto restai a osservare il viavai delle persone che entravano e uscivano dall'ospedale.

La vita continuava anche grazie a quanto aveva fatto fino ad allora il Professore per quell'Istituto.

Girai l'angolo e tornai dalla troupe che mi stava attendendo. La giornalista mi accolse con un sorriso e l'intervista cominciò. La sera fu trasmessa al telegiornale delle ore 20 e nessuno si accorse, nei primi piani, che avevo ancora gli occhi lucidi.

Poi fu la volta dei quotidiani e dei settimanali. Ricordo tra tutti la sintonia che si instaurò con Alessandra Gavazzi, la giornalista di «Gente». Come donna era affascinata dal grande lavoro che Europa Donna faceva come portatrice di interessi delle pazienti oncologiche, con la nostra attività di lobby e come *advocates* per i nostri diritti presso le autorità sanitarie nazionali e regionali, affinché i servizi di cura e assistenza per questa patologia fossero sempre a livelli di massima eccellenza in tutto il nostro Paese, senza discriminazioni tra Nord e Sud.

Era anche interessata al mio lavoro e alla mia capacità di tenere tutto in equilibrio: professione e attività per il sociale. Riportò nel pezzo la mia convinzione di quanto le donne possano essere capaci e forti non solo nel condurre e gestire la famiglia. Ruolo, quest'ultimo, che ci è sempre stato riconosciuto; ma possiamo essere determinanti anche nella vita sociale, politica e aziendale. «Noi di Europa Donna facilitiamo il dialogo con medici, pazienti, associazioni, Istituzioni e politici. La nostra cifra è far rispettare la dignità delle donne anche da malate. Senza alzare la voce ma con fermezza, perché ho imparato che chi è sopravvissuta a un cancro ha una determinazione che altre donne non hanno, nemmeno le cosiddette donne in carriera.»

Il funerale fu celebrato nella Sala Alessi del Comune di Milano davanti a una folla straripante. Gli occhi lucidi di tutti e un saluto toccante del sindaco Sala.

La testimonianza più fresca e spontanea fu però quella della prima nipote Elena.

«L'uomo da tutti riconosciuto come un grande medico e scienziato era per me semplicemente il nonno, ed è mio nonno che vorrei ricordare qui, adesso, non il personaggio pubblico e di fama mondiale che tutti voi già conoscete. Il nonno era una persona spettacolare, di un'umanità unica e di una gentilezza infinita. Aveva sempre una parola gentile per tutti e un cuore gigante. Era un uomo tranquillo ma anche molto spiritoso e simpatico.

Tra i tanti insegnamenti che mi ha dato» aggiunse «ne ricordo uno in particolare: se una persona è cattiva o maligna, è perché ha avuto un percorso di vita che l'ha portata a essere così. Quindi non giudichiamola, ma tentiamo di comprenderla.»

Il mio grazie

Mancavano pochi giorni al suo compleanno, il 28 novembre. Io, da quando l'avevo conosciuto, per l'occasione gli facevo arrivare un mazzo di rose bianche a casa. Era una consuetudine che io mi sentivo di rispettare e a lui piaceva, evidentemente, perché ogni volta mi ringraziava con una telefonata di apprezzamento.

Il 28 novembre arrivò e non volevo mancare a quell'appuntamento neanche quell'anno. Così inviai a casa sua il mio mazzo di rose bianche. Lo feci arrivare con questo biglietto.

«Caro Professore, ogni anno, da più di venti a questa parte, ti ho inviato un mazzo di rose bianche per il tuo compleanno. Anche quest'anno arriva il giorno giusto, ma prima vorrei dirti quale messaggio portava ognuna di quelle rose. Erano un:

- grazie per avermi salvato la vita da una malattia che ormai state debellando ma che tu per primo hai riconosciuto come male curabile invece che in-curabile;
- grazie per aver così tenacemente studiato per ridimensionare il danno, anche intimo, di tante donne, che prima di te venivano letteralmente private della propria femminilità con interventi devastanti;
- grazie per esserti accorto della fragilità che ogni donna

avrebbe portato per il resto della sua vita con quei segni indelebili sul proprio corpo, restituendole così dignità, piacere e benessere;

- grazie per la cura e la comprensione con cui hai seguito tutte le pazienti;
- grazie per aver offerto a tutte la fiducia che la vita può e deve essere vissuta anche dopo… con ancor più gioia, più speranza, con più bellezza e serenità;
- grazie per l'esempio di vita che sei stato per tutte noi come medico, come studioso, come uomo e come amico.»

15
I tanti medici

«Lui era tutte quelle cose insieme»

In tutti questi anni ho conosciuto tanti medici. Tutti compagni di strada, sostenitori, ispiratori e "certificatori" delle campagne di richieste per ottenere dal sistema sanitario ciò che è previsto per legge e quello che non lo è ancora ma che le donne si aspettano.

Ho imparato moltissimo da tutti loro: mi hanno spiegato ciò che ci succede quando un cancro entra a far parte del nostro organismo, le armi per la difesa, la pianificazione delle battaglie per sconfiggere un intruso che non era previsto, un ospite indesiderato, ma che oggi sappiamo bene come affrontare.

Un giorno, il dottor Gianni Letta mi fece leggere un foglio su cui aveva preso degli appunti per parlare del Professore, in un convegno, a qualche mese dalla sua scomparsa. Leggendo quelle frasi, in un attimo, ho riconosciuto nella sua descrizione i tanti medici che ho incontrato in tutti questi anni, tutti simili e tutti un po' diversi: diversi per carattere, formazione o provenienza, diversi per stile, per cultura o per comportamento.

La versione di Gianni Letta recitava così:

- «C'è il medico amante dello studio e della ricerca e quello più naturalmente portato alla pratica e all'azione;
- quello più umanamente proteso verso il paziente e quello più austero e distaccato, ma non per questo meno attento alle sue esigenze;
- quello sbrigativo e schietto e quello che finisce per diventare confidente e consigliere, amico e complice del paziente;
- quello continuamente in ansia per gli aggiornamenti professionali e quello che si affida con maggior fiducia all'esperienza e alla tradizione;
- quello che fa affidamento sull'occhio clinico e sull'intuito e quello che preferisce invece parlare solo dopo una serie di esami specialistici;
- quello che ama lo splendido isolamento e quello che invece privilegia la squadra;
- quello con il camice e quello con la camicia;
- quello che vive la professione come missione, solo medico e paziente, e quello che, con spirito manageriale, sa unire l'amore per la scienza al talento dell'organizzazione e alla capacità operativa».

Chiudeva con un: «Il Professore era un po' tutte quelle cose insieme».

Qualche altro medico è riuscito a impersonarli tutti, ma pochi sono in grado di farlo. Anche perché, a fianco di queste ricche caratteristiche più o meno accentuate, ho assistito purtroppo a diverse povertà, come quelle di certi medici importanti più vicini ai media che al proprio team e alle proprie pazienti. Medici che nei convegni scientifici misurano il tempo che viene riservato alla loro relazione rispetto al tempo riservato alla relazione di un altro medico che considerano di minor importanza relativamente alle tesi che vogliono sostenere. Quelle dell'altro sono sempre meno importanti delle loro!

Medici non sempre attenti ai bisogni delle pazienti. Ricordo il caso paradossale di una paziente che mi disse che dopo aver cercato di contattare il proprio medico per riuscire ad avere un colloquio – usando i modi più svariati: dalle numerose telefonate alle ricorrenti e-mail – ha dovuto appostarsi sotto il suo studio e sorprenderlo all'uscita per chiedergli finalmente l'appuntamento di cui aveva bisogno. Per fortuna si tratta di casi sporadici, ma, seppur limitati, reali, purtroppo!

Dal mio punto di osservazione devo anche aggiungere che tutto il sistema presenta delle carenze. Per esempio, a volte ci sono pazienti che non sono sempre collaborative e che non fanno squadra con chi le cura, nel rispetto dei tempi e delle modalità del proprio percorso terapeutico.

Le imprese ospedaliere spesso antepongono gli interessi dell'impresa alla cura della persona, specie quando si tratta di ottenere i rimborsi relativi alla cura stessa di una paziente, rispetto a quanto essa richieda in termini di assorbimento di risorse umane, economiche e di struttura per l'ospedale, i cosiddetti DRG (Diagnosis-related Group). Purtroppo, a volte viene consigliato e adottato un percorso terapeutico piuttosto che un altro in base alla valutazione del rimborso che si otterrà e non sempre in base al beneficio che quel paziente ne avrà.

Se osservo poi il sistema regolatorio delle Istituzioni, quello cioè che formula le leggi per poi farle applicare, vedo che spesso punta a far passare progettualità che creano consenso politico a breve termine anziché il supporto necessario al benessere per i cittadini. Quelle che non producono consenso immediato o, se sì, solo presso una parte limitata della popolazione, be', allora, queste possono aspettare.

Per i media esiste poi un fattore discriminante: quello degli investimenti pubblicitari sempre in calo, da diversi anni a questa parte. Agli spazi da acquistare sui grandi media sono stati preferiti strumenti più veloci e a volte più efficaci, come i social network. Così sono aumentate la sensibilità e l'attenzione delle case editrici verso quelle aziende disposte a investimenti pubblicitari significativi. A questo criterio di selezione non sfuggono nemmeno le pagine o le rubriche dedicate alla salute, dove una patologia sostenuta da buoni investimenti pubblicitari viene messa più in evidenza di altre, proprio per il sostegno economico che riceve.

Infine, la cura passa attraverso un farmaco, il farmaco viene prodotto da un'azienda farmaceutica, un'azienda farmaceutica ha degli investitori attraverso i mercati azionari che la sostengono a fronte dei buoni risultati finanziari e dei profitti che la stessa produce. È una legge inequivocabile e incontrovertibile: ecco perché, quando si tratta di finanza applicata alla salute, va notato che ormai tutti i Gruppi si sono dotati, per fortuna, di protocolli rigidissimi e di comitati etici proprio a salvaguardia della correttezza di ogni passo e di una rendicontazione trasparente.

Tutto ciò solo per sottolineare che ogni movimento a salvaguardia della salute delle persone deve interagire con tutti questi interlocutori e si trova spesso a gestire situazioni complesse nella sua attività di *advocacy*, quando cioè deve sostenere a gran voce i diritti dei pazienti. A quel punto servono solo argomentazioni scientificamente provate, bisogni misurati, rappresentatività e autorevolezza, capacità di interazione, negoziazione e mediazione. In altre parole, tutto ciò che si troverebbe in un buon manuale di *civil lobby*, cioè quando la rappresentanza del gruppo di pressione non è legata a interessi economici ma appunto a interessi sociali.

E, a proposito di rappresentanza di interessi opposti, era il 2015 quando Beppe Grillo accusò il professor Veronesi di fare tanta comunicazione sulla prevenzione perché aveva un interesse personale su ogni mammografia eseguita. Accusa subito smentita da più voci, compresa la mia quando, in una trasmissione radiofonica, gli dissi che con queste affermazioni stava procurando un grave danno alle donne che, dopo anni di sensibilizzazione, si erano convinte di quanto fosse vitale la prevenzione attraverso gli screening mammografici per la loro salute. Una dichiarazione così, proprio perché aveva una quota di ascolto elevata presso i sostenitori di Grillo, stava fornendo un buon alibi alle donne indecise, che avrebbero rischiato di sospendere la propria partecipazione alle diagnosi precoci.

Il medico come missione

Tornando ai medici e alla loro relazione con il paziente, voglio citare un libro del giornalista e scrittore Mario Pappagallo che valorizza il gesto della carezza (del medico) per guarire, partendo dal fatto che «non ci può essere una nuova cura senza nuovi medici. Abbiamo già osservato come una chirurgia conservativa, dando importanza all'immagine e all'identità corporea, abbia introdotto gli oncologi nella dimensione del vissuto della malattia [...]. La stessa malattia, per individui con caratteri e storie personali differenti, può essere più o meno grave a seconda di come viene percepita [...]; di conseguenza, per un medico è difficile capire a fondo la malattia se non studia gli effetti che essa ha sullo stato d'animo del paziente».

La figura del medico che il Professore ha sempre auspicato è più vicina a una missione che a un mestiere: attenzione e amore per l'uomo non possono essere separati dalla cura farmacologica.

E tutti i suoi allievi hanno, per così dire, lo stesso "marchio di fabbrica". I medici, quelli della senologia, hanno imparato cosa rappresenti il seno per la femminilità di una donna, quindi quando quell'organo si ammala, non c'è solo bisogno di farlo guarire, ma di prendersene cura a 360 gradi nel vero senso della parola. Il seno racchiude infatti infinite sfumature legate alla pienezza di una donna: la maternità, la sessualità, l'estetica, l'attrazione, la nutrizione del proprio figlio, l'oggetto del desiderio delle fantasie maschili. Tutti aspetti complessi che fanno sorgere sentimenti molto diversi tra di loro. Per mettere le mani su questo organo il medico deve essere consapevole e preparato ad accompagnare la donna in questo percorso di cura.

Alla preparazione del senologo hanno pensato due allievi del Professore: Bettina Ballarini, direttore del Centro di senologia di Multimedica, e Giorgio Macellari, chirurgo senologo. Hanno dedicato un manuale completo all'arte della visita senologica perfetta, dal modo di presentarsi al primo incontro, alla comunicazione della patologia e alla condivisione del piano terapeutico, fino alla sorveglianza del futuro. Mettono poi a fianco le due figure, medico e paziente, e ne esaminano a specchio le reazioni: il medico che dovrà chiedersi costantemente se ha spiegato tutto in modo esaustivo e se ha detto le parole giuste per essere davvero d'aiuto; la paziente che dal dialogo dovrà ricavare e trattenere, oltre alle informazioni utili per la sua cura, anche tutto ciò che le servirà nel suo viaggio: la rassicurazione, la forza, l'accoglienza, la guida e la speranza. Il manuale dedica poi un intero capitolo all'arte della comunicazione e al suo significato, che è "mettere-in-comune" qualcosa di prezioso come i pensieri, le emozioni, i progetti. Significa entrare in sintonia per dialogare sulla stessa frequenza.

Non è un caso, infatti, che per mantenere viva questa visione del ruolo del medico, Europa Donna abbia voluto istituire ogni anno, onorando il ricordo di Veronesi, un "Riconoscimento U.V. al Laudato Medico" che si è distinto per le sue qualità di attenzione, empatia, umanità e chiarezza con le proprie pazienti. A segnalare i medici con queste caratteristiche sono le migliaia di pazienti della senologia dei principali ospedali di tutta Italia.

E per chiudere questa visione del ruolo del medico anche come punto di riferimento per scelte di indirizzo sulla salute pubblica, Lucia, l'assistente del Professore alla direzione scientifica dello IEO, nel periodo topico dell'emergenza del Covid-19, quando il parere degli scienziati era dominante rispetto alle scelte politiche, mi disse: «In quei giorni non ho potuto fare a meno di pensare che, se ci fosse stato il Professore, sarebbe stato un prezioso consigliere. Avendolo assistito in tante situazioni difficili, complicate e delicate, sono convinta che con la sua profonda saggezza, la sua immensa conoscenza di scienziato e la sua indiscussa capacità di comunicare, avrebbe dato un contributo decisivo nella controversa e complessa lotta contro questa pandemia».

16
Terzo tempo

Per il rugby il "terzo tempo" è quello che si svolge dopo la partita e riunisce in un momento conviviale tutti i giocatori e gli amici delle due squadre per socializzare, bere, mangiare e scambiarsi opinioni sulla sfida appena disputata.

La scrittrice Lidia Ravera, nel libro *Terzo tempo*, racconta che Costanza, la protagonista, non è vecchia ma presto lo sarà. È convinta che il terzo tempo sia da vivere pienamente, senza mai smettere di cercare la felicità... Soffrire da vecchi è la regola. Soltanto i vecchi speciali ce la fanno.

Per me il terzo tempo racchiude i primi due (gioco di squadra, socializzazione, progettualità) ma in più è quello che sto vivendo in questa fase della mia vita dopo gli studi, la lunga carriera lavorativa e oggi l'impegno full time per affermare i diritti delle donne nell'ambito della salute.

Senza voler rivendicare posizioni femministe, di fatto le istanze delle donne nella loro partecipazione alla vita sociale non hanno ancora terminato il loro percorso, anche se stanno iniziando a essere recepite dalla società, da chi ci governa e dall'opinione pubblica in generale, dopo che per troppo tempo sono stati negati diritti cruciali.

Tuttavia, il lavoro più importante da completare è sulla consapevolezza delle donne. Solo se una donna crede nelle proprie idee, conosce le proprie potenzialità ma è anche consapevole dei suoi punti di debolezza e sa cosa ha da dare e offrire alla famiglia e alla società, non ha bisogno di grandi rivendicazioni. Basta far parlare i fatti, valorizzare i risultati ottenuti, in poche parole sapere bene che si hanno tutte le carte in regola per essere un interlocutore autorevole e competente. Il resto viene da sé.

Fu così anche quando volevo un partner internazionale per la mia società tutta italiana, con bei progetti, quasi tutti con buone potenzialità di esportazione nel mercato americano.

Misi insieme un dossier con tutto ciò che poteva servire per comprendere in breve tempo chi eravamo, quali clienti gestivamo, il nostro *track record* di risultati e scrissi a Richard Edelman, dell'omonimo grande network globale di relazioni pubbliche.

Non avevano un partner fisso in Italia: collaboravano con la mia agenzia ma solo su richiesta, niente che ci consentisse di fare progetti di sviluppo insieme. Partii con la mia amica Grazia, che a sua volta doveva andare a New York per la sua attività. Ero un po' emozionata e così decisi che avrei passato tutto il giorno in giro per la città senza pensare all'incontro dell'indomani.

L'appuntamento era alle 9 di un mercoledì di primavera. Tutto pronto. Mi aspettavo un'interrogazione serrata, domande a trabocchetto, preconcetti sull'essere rappresentati da un ufficio composto interamente da donne, tranne due uomini: un direttore finanziario e un gentilissimo receptionist. Niente di tutto ciò. L'incontro fu invece cordiale, breve e risolutivo. Avevano esaminato evidentemente prima tutta la documentazione che avevo inviato loro nel dettaglio, forse sentito anche qualche cliente. Il colloquio così fu molto diretto e durò solo un'ora. Al termine ci furono una stretta di mano, uno scambio di date per formalizzare l'accordo dopo che i legali e il presidente avessero dato la loro approvazione definitiva, e un arrivederci a presto. Ecco fatto. Potevo tornare a Milano e da lì preparare il terreno per un proficuo scambio di clienti in una perfetta sintonia con i processi di globalizzazione dei mercati, come stava per accadere in quel periodo.

Non ci fu bisogno di grandi negoziazioni né di affermare con forza le mie convinzioni sull'integrazione dei mercati.

Questo episodio e molti altri mi hanno confermato che una buona intuizione, associata a fatti concreti che siano di reciproco interesse, sono in grado di creare forti e duraturi circuiti virtuosi.

Tutto ciò che ho imparato nell'attività for-profit, l'ho poi applicato nel non-profit e nell'attività di *advocacy*. Lo dice bene «Prima Comunicazione» (il più importante organo mensile e online sui fatti dell'editoria e della comunicazione in Italia), in un'intervista che ha voluto dedicarmi quando, nell'ottobre 2019, ho deciso di lasciare definitivamente la mia attività imprenditoriale per dedicarmi totalmente al Terzo settore e al volontariato.

«*Advocacy* al femminile. Obiettivo, migliori cure e più sostegno alle donne malate di tumore al seno. Il metodo? Quello che Rosanna D'Antona ha usato nella sua lunga carriera nel mondo della comunicazione e del *public af-*

fairs. [...] Settembre, si sa, è il tempo dei propositi. Per lei rappresenta uno snodo importante e meditato. Una porta che si chiude per lasciar spazio a molto altro.»

Facendo un po' di conti, in più di 40 anni con le mie società ho avviato a questa professione oltre 500 persone che oggi incontro in posizioni di leadership nelle imprese o nelle agenzie di comunicazione... e in Europa Donna adesso per me è il tempo di portare nel Terzo settore le tecniche manageriali e di comunicazione che servono per un migliore accreditamento del volontariato.

Le battaglie che il Movimento Europa Donna sta sostenendo sono numerose, ma oggi, dopo 25 anni dalla sua nascita, le donne che hanno creduto nell'importanza di far arrivare la propria voce ai decisori dei Paesi membri dell'Europa sono un esercito di guerriere. Alcune battaglie sono già state vinte, ma altre ancora stanno per essere portate alla luce in un perfetto gioco di squadra e alleanza.

Tra le battaglie che stiamo portando avanti c'è anche quella che chiede che tutti i Centri siano attrezzati per fornire assistenza sull'oncofertilità. Le giovani donne colpite da un tumore devono sapere come conservare i loro ovociti per affrontare in tempi più propizi una maternità. Ma anche come e dove poter accedere a questi servizi.

Quando ad Alessia hanno diagnosticato il tumore e descritto la terapia chemioterapica cui sarebbe stata sottoposta, è stato come ricevere un pugno nello stomaco. Forte, doloroso, ingiusto.

Aveva da poco compiuto 30 anni quando glielo hanno comunicato e ho avuto il privilegio, nonostante fossi il suo capo e lavorasse da me già da qualche anno, che me ne parlasse e mi chiedesse un parere. Trovo normale che le malattie, gli incidenti, i grandi traumi capitino nella vita, ma non è proprio giusto quando arrivano prima che si sia compiuto un lungo pezzo di strada.

Naturalmente l'ho aiutata a trovare i percorsi di cura per come ho potuto, l'ho seguita passo dopo passo in ogni fase della malattia e della terapia: mi mandava le sue foto, da casa e dall'ospedale, anche quelle con i turbanti colorati che, pur mettendo in luce i suoi grandi occhi blu, erano una cornice inappropriata per quel visino circondato, mesi prima, da una bella cascata di capelli biondi che la contraddistingueva.

Ogni messaggio portava un avanzamento che lei descriveva con puntualità e fermezza, con fiducia nei suoi medici e speranza per il raggiungimento della conclusione di questa terribile avventura.

Poi un giorno mi arrivò questa comunicazione da lei: «Ciao Rosanna... Sono mesi che aspetto di poterti scrivere questo messaggio e dirlo non mi sembra ancora vero... Ho appena ricevuto gli esiti di TAC e PET che sono risultati negativi... L'oncologa mi ha scritto che è il risultato migliore che si potesse desiderare. Sei una delle prime persone a cui lo dico e non so descrivere le sensazioni che provo in questo momento: un sollievo immenso, gratitudine, sfinimento in senso buono come se avessi trattenuto il fiato per mesi e adesso potessi finalmente tirare un sospiro di sollievo. Grazie per aver combattuto insieme a me, grazie per essermi così vicina. Ciò che in questo momento mi rende più felice è proprio poter dare sollievo alle persone che, come te, hanno sofferto e lottato con me e per me e che mi vogliono bene.

Hai proprio ragione, la vita vince e dobbiamo sempre credere in questo e non smettere mai di avere speranza. Ti mando un abbraccio grande, in attesa di poter presto festeggiare insieme...».

Un'altra battaglia vinta, una gioia infinita.

Non tutte le guerre si vincono, ma molte battaglie sì. Per esempio, la ricerca e la medicina sono riuscite a mettere a punto dei farmaci per quelle donne che devono convivere con un tumore cronico. Vuol dire che non si riesce a toglierlo definitivamente dal nostro corpo, ma resta dentro, attaccando altri organi con delle metastasi. Anni fa questo significava un preludio alla fine; oggi per fortuna, con l'aiuto di nuovi farmaci, la sopravvivenza c'è, ed è possibile anche una buona qualità di vita, insieme al contenimento dell'evoluzione della patologia.

Le donne in questa condizione – e sono tante in Italia, circa 35.000 – hanno bisogno di molti servizi che il nostro sistema sanitario non ha previsto. Tra questi ci sono 7 punti nel nostro Manifesto per il tumore metastatico, per ottenere:

- *percorso specifico* all'interno di tutti i Centri di Senologia, per garantire continuità dei servizi, 24h al giorno;
- *accesso agevolato agli esami* e tempi di attesa ridotti;
- *team di specialisti di differenti discipline*, coinvolti nella gestione della patologia;
- *assistenza dello psiconcologo* per alleviare il gravoso carico emotivo che la malattia comporta;
- *informazione sui trials clinici* disponibili e indicati per la situazione della singola paziente;
- *invalidità civile*: deve prevedere misure di tutela spe-

cifica per le persone affette da questa patologia oncologica;
– *farmaci innovativi:* accesso rapido e agevolato a tutti i nuovi farmaci, evitando alle pazienti attese e disparità di trattamento.

Così abbiamo pensato, insieme al movimento "Noi ci siamo" (la prima associazione italiana di pazienti con tumore al seno metastatico), di chiedere al Ministero di istituire una giornata, il 13 ottobre di ogni anno, come la giornata per la sensibilizzazione sul tumore al seno metastatico. Il decreto non è ancora passato, ma nelle città di tutta Italia, in quella data, l'intera rete delle associazioni di Europa Donna organizza degli eventi bellissimi, a volte spettacolari, per attirare l'attenzione dell'opinione pubblica su questo tema e accelerare l'ottenimento di provvedimenti regionali per facilitare la cura e la qualità della vita di queste pazienti.

Per uno di questi eventi, il 12 ottobre 2019 un'associazione di Cittadella (Padova) ha pensato di creare un momento di spettacolo attraverso l'interpretazione di 11 artisti di body painting.

Così Rosanna Grompone ha parlato con 11 donne che avevano attraversato l'esperienza del tumore e volevano raccontarla. Ha raccolto le storie e le ha passate ad altrettanti artisti affermati, provenienti da tutta Italia, che hanno accettato di buon grado l'idea di dipingere per un giorno sui corpi delle modelle (pazienti e non) le storie che avevano ricevuto, interpretandole con disegni coloratissimi.

Al termine di 8 ore di preparazione con disegni e ornamenti sul corpo delle modelle, tutto era pronto per creare uno spettacolo di luci e colori splendidi, per sfilare con grazia e dolcezza davanti al pubblico cui una voce narrante raccontava le storie che avevano ispirato quei quadri viventi. Una delle modelle aveva un solo seno, ma come un'amazzone portava con fierezza sul suo corpo la storia che il suo artista aveva interpretato per lei.

Ci aspettano ancora molti anni di lavoro e di sensibilizzazione perché il nostro sistema sanitario è continuamente messo di fronte a nuove sfide. Non da ultima la necessità – economica, culturale e tecnologica – di tenersi al passo con i progressi della ricerca scientifica.

Negli ultimi decenni l'oncologia ha fatto passi da gigante. Trattamenti innovativi come l'immunoterapia e molecole futuristiche come i farmaci a bersaglio molecolare promettono di rivoluzionare, e in parte lo hanno già fatto, l'approccio terapeutico, aumentando la sopravvivenza e migliorando la qualità della vita del paziente oncologico. Tuttavia, questi approcci hanno costi molto elevati, incidendo significativamente sul bilancio della sanità pubblica, chiamata a conciliare sostenibilità e universalità del sistema.

A livello culturale e tecnologico, ci troviamo in una fase di transizione nella quale l'esperienza accumulata dal singolo specialista deve confrontarsi con la medicina basata sulle prove di efficacia, cioè sul principio della valutazione dei migliori risultati della ricerca disponibili al momento.

Dove non arriva la letteratura scientifica, è possibile ricorrere alle analisi dei cosiddetti *big data*, enormi quantità di dati prodotti e raccolti in modo ordinato grazie all'aiuto di supercalcolatori. Essi permettono di esaminare parametri genetici, molecolari e clinici con una precisione stupefacente e una capacità di rielaborazione che solo l'intelligenza artificiale può garantire.

In molti centri, infatti, al medico va affiancandosi la figura del cosiddetto *data scientist*, il cui percorso mescola competenze scientifiche e informatiche.

In questo scenario in così grande evoluzione, le associazioni di pazienti stanno studiando a loro volta modalità innovative per continuare a essere l'utile mediatore tra i bisogni di cura della paziente e un sistema sanitario con *stakeholder* nuovi, anzi nuovissimi che, a volte, non sono più umani ma virtuali.

17
“Il mio Veronesi”

Il Professore, nella sua lunga vita, è stato capace di lasciare a ciascuno una piccola parte di sé.

Lui sapeva come mettersi in relazione con l’altra persona: intuiva subito chi aveva di fronte e di che cosa avrebbe avuto bisogno. In un attimo, in un battito di ciglia, la sintonia era stabilita: in modo perfetto uno dava ciò che l’altro era disposto a ricevere e trattenere. Con tutte le sue migliaia di pazienti è riuscito a costruire una relazione diretta e speciale, perché lui sapeva come cogliere in ognuna lo spazio unico per un dialogo personale.

Il “mio Veronesi” è il medico cui affidare le proprie paure e le proprie speranze, nella certezza che siano accolte e che ricevano le risposte giuste per proseguire il percorso di cura, a volte doloroso e difficile, ma sempre positivo e fiducioso.

Lo stesso senso di proprietà privata e personale si riscontra nei suoi colleghi, nei suoi allievi, nei giornalisti, nei finanziatori dei suoi progetti... La cosa curiosa e interessante è che ogni Veronesi è diverso dall’altro, a seconda di chi lo racconta, ma tutti hanno riconosciuto in lui un uomo giusto e libero cui affidare le proprie emozioni avendo la certezza di non essere mai traditi.

Il ragazzino di ottant'anni

«Lui il genio dell'immortalità l'ha già trovato. Di nascosto. Non avrebbe a ottant'anni quel fisico lungo da fusto. Né quel sorriso furbo. E nemmeno quegli occhi che zampillano. Umberto rimane seduttore totale. Seduce a destra e a sinistra. Stupisce e rapisce amici e nemici. Veronesi può tutto. L'impressione è che non abbia paura di nulla. È forse la consapevolezza dell'immortalità che lo fa agitatore di idee.»

Stella Pende, giornalista, scrittrice, sua amica e ammiratrice, in un articolo di una quindicina d'anni fa su «Panorama».

L'uomo dal sorriso gigante

«Se penso a tutte le volte in cui l'ho incontrato e intervistato mi vengono subito in mente gli occhi piccoli e il sorriso gigante, un sorriso che gli riempiva tutto il volto di una "illogica allegria". Ha fatto un lavoro "tosto", Umberto: la lotta ai tumori, soprattutto quelli femminili. E inevitabilmente ha incontrato tanta sofferenza senza perdere la tenerezza mai. Senza indurirsi, senza vestirsi mai di quel cinismo che a volte è la corazza salvavita di chi fa scudo alla morte. Ha salvato tante vite senza mai sentirsi un eroe, Umberto. Ha guidato ricerche decisive senza mettersi mai le stellette al petto. Anche in politica non ha mai giocato a fare il barone. Un ministro della Sanità mosca bianca nella sua semplicità. La semplicità dei grandi. La battaglia contro il fumo, la difesa dei diritti degli animali, il movente della sua scelta vegetariana. Una volta gli ho chiesto: "Ma come si fa a invecchiare bene?". E lui: "Semplice, meno mangi e meglio stai...".

Era così Umberto: zero retorica, tanta ironia, grandezza. Etico ed eretico. Dritto per dritto, senza mai diventare né naïf né ideologico. Galante e fascinoso, ma legatissimo a sua moglie Susy. Nei mesi di Coronavirus sarebbe stato formidabile poterlo intervistare. Ci avrebbe aiutato a domare la paura. Con quel mix di competenza e dolcezza che solo lui sapeva dosare, con il suo sorriso gigante che ci ha accompagnato nel miracolo della vita!»

Myrta Merlino, giornalista, autrice televisiva e conduttrice.

L'utopista

«"Sono solo passato dall'altra parte: è come se fossi nascosto nella stanza accanto."

Questo è l'inizio di una poesia di Henry Scott Holland. Quando l'ho letta ho pensato che questo è esattamente ciò che il Prof ha continuato a dire nei nostri incontri in Fondazione pochi mesi prima di morire. Non ha mai voluto lasciarci soli, ed è tutto ciò che è sempre stato ad accompagnarci ancora, giorno per giorno.

Nei tanti anni in cui ho lavorato al suo fianco ho imparato molto del suo pensiero, del suo modo di ragionare: parlava di temi del nostro futuro con così largo anticipo da apparire utopista. Ma d'altro canto lui lo era. Un visionario che ha sempre saputo guardare più lontano di molti: il valore insostituibile della ricerca scientifica, ad esempio. Solo qualche anno fa sembrava un argomento da addetti ai lavori, oggi siamo tutti convinti che vada fortemente sostenuta e così il testamento biologico, il vegetarianismo, la pace e molto altro ancora.

Il Prof è stato una persona speciale, da tanti punti di vista. Forse si racconta poco di quanto fosse divertente e spiritoso, sempre pronto alla battuta, alla barzelletta e al dialogo su qualsiasi argomento, con un atteggiamento mai banale. D'altro canto, la sua non è mai stata una vita banale.»

Monica Ramaioli, direttore generale Fondazione Umberto Veronesi.

Disponibile, generoso, semplice

«Ricordo la grande umanità, testimoniata dalla disponibilità e generosità nei confronti di chiunque, dal sorriso e dalle parole di speranza espressi anche nei casi più difficili e da visite e interventi senza compenso in favore di chi "non poteva". Ricordo anche la sua capacità di semplificare in poche parole argomenti invece complessi, cosa che solo i grandi uomini sono in grado di fare.»

Giusi Cavallotti, storica assistente che lo ha accompagnato durante tutta la sua carriera.

Il combattente

«Un personaggio fuori del comune. Ma era innanzitutto e soprattutto un medico, un grande medico. Era in lotta contro ogni tipo di male, non solo quello derivante dalla malattia, ma anche quello che viene dall'ignoranza, dalla superstizione, dalla superficialità, dal preconcetto, dalla prepotenza. Perché Veronesi parlava il linguaggio della vita, ne conosceva i dolori, le paure, le ansie, i sentimenti, gli egoismi, le speranze e le aspettative. Studiava, sperimentava, operava per mettere a servizio degli altri la sua straordinaria competenza e la sua straordinaria esperienza.»

Gianni Letta, sottosegretario alla Presidenza del Consiglio nei tre mandati Berlusconi, ha conosciuto Veronesi come il grande medico prestato alla politica; li legava una forte amicizia.

Il medico umano

«Caro amico, professor Veronesi, la sua sintesi dei risultati ottenuti e la sua rappresentazione delle nuove e prodigiose tecnologie sono state quanto mai significative e gratificanti. Anzi, anche per me e per tutti noi entusiasmanti. Le sue parole da medico sul valore decisivo del rapporto con il paziente, del rapporto diretto, a misura di uomo e di donna, di comunicazione e di fiducia, con il paziente, ci hanno trasmesso un messaggio morale non meno importante di quello tecnico.»

Tratto dal discorso di Giorgio Napolitano, allora presidente della Repubblica, al Quirinale nella Giornata Nazionale per la Ricerca sul Cancro 2010.

Il grande persuasore

«Veronesi era un compendio unico di qualità umane – dalla fiducia che ispirava alla simpatia con cui seduceva i suoi interlocutori – al servizio della sua impareggiabile forza di convinzione in nome sempre di buone cause. Convinceva pazienti riottosi a curarsi, persone benestanti a finanziare la ricerca, studiosi delle più varie discipline a lavorare con lui in imprese scientifiche come in iniziative per la pace. Per non parlare delle filippiche con cui mi dimostrava che la cioccolata fa sempre bene, il caffè fa dormire e la camomilla no. Annovero quindi fra i miei successi maggiori essere stato io a convincere lui a fare il ministro con me.»

Giuliano Amato, politico, giurista e accademico italiano, presidente del Consiglio dei Ministri dal 1992 al 1993 e dal 2000 al 2001.

Il ministro rispettoso

«Il mio Veronesi è il ministro che ricevette una delegazione radicale che accompagnava Luca Coscioni già molto avanti nella sua malattia. Il ministro non mostrò nessuna "condiscendenza"... solo affetto e soprattutto rispetto. Mi impressionò molto.»

Emma Bonino, politica, ministro degli Esteri nel Governo di Enrico Letta; è una delle figure più importanti del radicalismo liberale italiano.

Il politico

«Proprio in questi giorni mi è capitato tra le mani uno dei suoi libri. Era del 2008, si apriva con queste parole: "La malattia è come la notte. Di notte si dorme e anche dormire è vivere. Ma vivere non è dormire. Io la vita l'ho vissuta e ora mi costringono ad assistere alla mia vita. E io questo non lo accetto". Era una citazione, la premessa di un libro che si intitola *La parola al paziente*. E quelle parole, che Umberto Veronesi prendeva a esempio e a monito, erano parole di mio padre. Che, così lo ha definito lui stesso in quel libro, è stato uno dei più grandi giuristi italiani. Il "mio" Veronesi, allora, è l'uomo del diritto e dei diritti. Lo scienziato che si è battuto per il diritto all'autodeterminazione del paziente, per la lotta al dolore, a favore delle disposizioni anticipate sul fine vita e per l'eutanasia. E poi a favore del disarmo e contro le spese militari, a favore delle unioni civili di persone dello stesso sesso, per la depenalizzazione delle droghe leggere, contro la pena di morte e per l'abolizione dell'ergastolo.

Le nostre strade si sono incrociate molte volte, ma quello che qui mi piace ricordare è il ministro della Sanità (si chiamava ancora così) del Governo Amato. Era il 2000, io allora ero deputato al Parlamento italiano e in aula non ho mai visto tanto silenzio, attenzione e rispetto come quando prendeva la parola Veronesi. Era come se tutti, anche gli avversari più radicali, fossero incantati dalla sua personalità e come se la politica, grazie alla stima incondizionata che lo circondava, tornasse a essere confronto libero di idee. Perché, come diceva Veronesi, il vero patrimonio dell'umanità sono le idee e da qualsiasi mente provengano, meritano considerazione. Le sue parole, pronunciate in quell'aula ammutolita dalla profonda deferenza, oggi suonano ancora più attuali: "Dobbiamo lasciar da parte la politica aggressiva, faziosa, violenta, urlata e fatta di insulti. Dobbiamo piuttosto esaminare pacatamente, con la forza della ragione, i problemi da risolvere, esaminando i dati e i fatti, a prescindere dalle persone. Certamente vi sono molti problemi che trovano soluzioni diverse nella visione di destra e di sinistra. Ma vi sono temi che riguardano tutti e che vanno affrontati per il bene comune e non per il bene di questa o quella coalizione".»

Giuliano Pisapia, avvocato, già sindaco di Milano, oggi parlamentare europeo.

Un fenomeno

«I miei rapporti con il professor Umberto Veronesi risalgono alla notte dei tempi. Lavoravo al "Corriere della Sera" quando vergai un articolo sul vizio del fumo. Scrissi che persino l'illustre oncologo ogni tanto si accendeva qualche sigaretta. Allorché lesse questa cosa si arrabbiò molto e mi querelò.

Un paio di anni dopo il mio medico, una signora, mi consigliò una visita specialistica perché avevo una sporgenza sotto lo sterno. Fu così che finii nello studio di Veronesi che non fece una piega e mi rassicurò: "Lei non ha niente, è sano come un pesce". Immaginate il mio sollievo, avevo 41 anni. Tuttavia, la mia gioia non si esaurì qui. Umberto aggiunse: "Ho deciso di ritirare la querela che ho sporto contro di lei". Lo avrei abbracciato.

Da quel momento divenimmo amici. Una sera ci ritrovammo in casa di Giorgio Forattini, il grande vignettista, per una cena. Veronesi stappò una bottiglia di vino francese e ce la bevemmo. Egli fece la parte del leone, nel senso che se la scolò quasi tutta. Osservai: "Scusa, tu sei contro il tabacco e poi ti spari come niente mezzo litro di bianco per aperitivo?". Gelido rispose: "L'uva è vegetale. E i vegetali sono ammessi". Replicai con un sorriso: "Se è per questo pure il tabacco è vegetale". E accesi una paglia. Scoppiò a ridere.

Ci incontravamo spesso, mi voleva con lui in ogni sua iniziativa pubblica, per esempio quella in favore dell'eutanasia. Non ho idea se mi stimasse oppure se gli fossi semplicemente simpatico. È un fatto che la nostra vicinanza fu intensa per molto tempo, finché stanco egli se ne andò. La sua dipartita per me è stata un immenso dolore. Quando mia sorella ebbe un tumore, fu lui a curarla e la guarì. Gratis.

Veronesi era un uomo straordinariamente colto. Conosceva la Bibbia a menadito pur essendo ateo. Egli e la vita erano parenti stretti. Sapeva tutto e non pretendeva nulla di nulla, neanche di essere ringraziato. Un fenomeno.»

Vittorio Feltri, giornalista, saggista e opinionista.

Il medico, l'amico, l'intervistato

«Il primo Veronesi che ho conosciuto è stato da giornalista. Erano gli anni Ottanta e il cancro al seno faceva ancora molta paura. Era un intervistato ideale: chiaro, preciso, disponibile, soprattutto capace con poche parole di allontanare il terrore e di infondere a te e ai tuoi lettori una razionale fiducia. Se "cancro" è una parola che si può pronunciare, è qualcosa che si deve a lui.

L'ho conosciuto direttamente da medico quando mia madre si è ammalata di cancro. Nel momento più brutto, vuoi il meglio per una persona che ami. E lui era il meglio: delicato, affascinante, rassicurante. Sapere di essere nelle sue mani ti faceva stare bene. La cosa più importante, quando ti succede qualcosa, non è tanto quello che ti succede, quanto come riesci a viverlo.

Poi c'è stato il Veronesi privato. Un padrone di casa ineguagliabile, un uomo di mondo capace di intrattenere chiunque e di discutere di qualsiasi cosa. Di islamismo in francese perfetto, con ospiti sceicchi arabi, vestiti con la tunica bianca e inanellati con grossi diamanti. Di cucina, con cuochi stellati: niente carne, ma mille modi per preparare cene prelibate e salutiste. Di musica, di poesia… Eccolo, il libro con la sua dedica: una raccolta di poesie di Evgenij Evtušenko, il suo poeta prediletto.»

Cinzia Sasso, giornalista.

L'estensore del tempo

«Io non ho mai visto Umberto irritato, indispettito, annoiato. Mi sono chiesto: ma fingerà qualche volta, prigioniero della sua infinita cortesia? Non escludo che l'abbia fatto: era al centro di troppe attenzioni e soprattutto di una infinità di richieste di aiuto. Io non so più in quante occasioni mi sono trovato a chiamarlo e a chiedergli un aiuto. "Puoi vederla? È una mia amica, ha bisogno di un tuo parere." Una lunga lista di sofferenze, ansie, preoccupazioni. Non vi fu mai, dico mai, un no o un rinvio. Visitava sempre, anche la domenica mattina. Ecco, io penso che Umberto abbia avuto, tra le sue tante qualità e qualche celebrato difetto (discussione aperta: la vita va vissuta fino in fondo, altrimenti se ne perde qualche sapore), la capacità di estendere il tempo rendendolo più profondo. Veronesi allungava i secondi, non voleva perdersene nemmeno uno. Ecco la sua grande lezione, la sua più autentica eredità. Il tempo va vissuto con la voglia di conquistarlo, non con la rassegnazione di subirlo. C'è interesse anche negli incontri più noiosi, nelle circostanze più banali, persino nella routine giornaliera, nelle pieghe della normalità. Si è esploratori della vita, non passeggeri inconsapevoli.»

Ferruccio de Bortoli, giornalista e opinionista, due volte direttore del «Corriere della Sera» e già direttore de «Il Sole 24 Ore»; dal 2015 presidente dell'associazione Vidas di Milano.

L'umanista

«Lo sguardo attento, curioso, dello scienziato. Il sorriso empatico del medico. E una straordinaria voglia di vivere che emergeva, esplicita, da un gesto, da una battuta carica d'affettuosa ironia, da un movimento allegro del corpo, tipico di chi sa ascoltare, comprendere, coinvolgere. E quando la memoria me lo consente, ritorno alle tante iniziative pensate e promosse insieme, sulla scienza, l'ambiente, la cura di donne e uomini da cercare di sottrarre al dolore e al degrado della malattia.

Mi viene in mente, per lui, la definizione di "umanista", per l'attitudine a legare in modo originale conoscenze diverse e per la straordinaria capacità di fare, per la vastità di una cultura aperta al mondo e per l'orgoglio, molto milanese, delle radici e del futuro. Una cultura, vorrei aggiungere, da cittadino partecipe, che sa assumere anche responsabilità politiche, pensandole come un servizio alla comunità.

Umberto Veronesi è stato un maestro, per generazioni di persone, tra scienza e medicina. Ma vorrei chiudere il ricordo di lui pensandolo soprattutto come un amico. Di quelli che è importante avere vicini, per crescere meglio insieme.»

Marco Tronchetti Provera, imprenditore, amministratore delegato del gruppo Pirelli.

L'uomo tranquillo

«Di Umberto potrei dire tante cose meravigliose, perché era un uomo assolutamente speciale. Le cose che però destavano in me una grandissima ammirazione nei suoi confronti erano la serenità e la tranquillità che riusciva a trasmettere in ospedale, alle persone che visitava ogni giorno.

Mia madre è stata curata da Umberto e tutte le volte che lui passava a salutarla, come faceva con tutti gli altri pazienti, lei si trasformava in un'altra persona, piena di sicurezza e di speranza. Umberto emanava un'energia positiva che lo rendeva assolutamente speciale. Sarà sempre presente nei miei ricordi e mi manca molto come amico.»

Diego Della Valle, imprenditore.

Il rassicurante

«Ricordo di lui per prima cosa il sorriso: un medico accoglie persone che hanno qualche preoccupazione – dunque ansia, tensioni; il sorriso del Professore veniva prima della competenza ed era il benvenuto di un essere umano al suo simile, uno strumento di rassicurazione preventiva: qui troverai chi ti può aiutare, abbi fiducia. E la fiducia, come ormai tutti sanno, è il primo ausilio di ogni terapia.»

Corrado Augias, giornalista, scrittore, autore e conduttore televisivo, drammaturgo ed ex politico.

Il generoso

«Umberto è la persona più semplice e generosa che io abbia mai conosciuto. Ricordo che il mio barbiere, sotto casa a Roma, aveva un cancro senza ritorno, ma aveva un grande desiderio: quello di incontrare il Professore. Appena gliene parlai si rese subito disponibile e lo incontrò un paio di volte. Non poté fare molto, viste le condizioni, ma di sicuro gli diede il coraggio e il sostegno di cui aveva bisogno, in quel percorso così difficile della sua vita.

Ho visto da vicino questa malattia un'altra volta, attraverso un'amica che si ammalò di cancro al seno. Volevo aiutarla, così organizzai una cena (rigorosamente vegetariana) per lei con una quarantina di amici del mondo dello spettacolo e naturalmente Umberto. Li vidi chiacchierare soli in un angolo della casa, come vecchi amici, come solo un grande medico sa fare con i propri pazienti. Da lì nacque l'idea del mio film *Allacciate le cinture*, ma quando Umberto lo vide mi disse che avevo messo a nudo con troppa crudezza ciò che una paziente si trova a vivere quando arriva un cancro. "Ti sei salvato sul finale però," mi disse "quando hai chiuso con il suo grande sorriso, sicura che non sarebbe stata più sola!"

Nel tempo ho cercato di restituirgli, in piccola parte, con il mio lavoro, ciò che avevo ricevuto da lui, assistendolo con le campagne a favore della ricerca e della prevenzione sul cancro. Lui aveva la semplicità del genio!»

Ferzan Ozpetek, regista e scrittore.

Uomo di rara umanità

«Chiudo gli occhi e ritorno al giorno in cui, sola, impaurita e disperata, mi recai nello studio del professor Veronesi. Portavo con me il peso insostenibile dell'incertezza mista a un'ansia soffocante che occupava ogni mio pensiero. Sorrise e mi abbracciò senza parlare. Lesse con attenzione le carte che gli avevo portato e mi disse di non preoccuparmi, di avere fiducia e di prepararmi all'idea di affrontare un'operazione. In un attimo sentii dissolversi, quasi evaporare, il carico di terrore che mi aveva accompagnato per tutto il viaggio: con un solo semplice gesto mi aveva tranquillizzata. Capii immediatamente di essermi affidata nelle mani giuste, le stesse mani che strinsero le mie, il giorno dell'intervento, finché mi addormentai. Mai potrò dimenticare le sue parole di conforto nei giorni che seguirono, il suo sorriso limpido e rassicurante, lo sguardo fermo, intenso, pacato. Lo ricordo con la stima e l'affetto che riservo a poche persone. Uomo di rara umanità, ha saputo accompagnare i suoi pazienti nel difficile cammino verso la guarigione con il calore e la dolcezza che nessuna scuola potrà mai insegnare.»

Rita Forte, cantante, musicista e personaggio televisivo.

L'amico di famiglia

«Umberto Veronesi era un amico di famiglia. Le nostre famiglie erano davvero molto unite.

Mio padre era il presidente dell'Istituto dei Tumori e Umberto il direttore scientifico. La loro esperienza insieme è stata davvero una intensa ed esclusiva avventura.

Ho conservato il discorso che il Professore lesse in occasione di un convegno dedicato al centenario della nascita di mio padre Eugenio Radice Fossati.

"Quest'uomo ha inciso molto nell'evoluzione del mio pensiero: è stato il mio presidente per 20 anni e per 20 anni abbiamo affrontato e condiviso gli aspetti più difficili dello sviluppo dell'oncologia nei decenni del dopoguerra. Ha avuto un peso notevole nella mia crescita culturale, medica, scientifica e anche in piccola parte imprenditoriale… Mi insegnò anche la concretezza. Era ingegnere e il suo apporto è stato utilissimo nello sviluppare le nuove tecnologie che poi furono uno degli aspetti più originali e determinanti del successo dell'Istituto negli anni successivi. Voglio infine ricordare una cosa che pochi tendono a dire: Eugenio era un uomo profondamente buono, amava gli ammalati, amava i suoi collaboratori. Se devo ricordarlo voglio sottolineare questa caratteristica di bontà ed è con questo aspetto che io ancora lo vivo nel profondo del mio cuore."»

Federico Radice Fossati, imprenditore agricolo e sviluppatore immobiliare.

Attento al paziente

«Tutti dicono che bisogna mettere "il paziente al centro", come i commercianti dicono che il cliente ha sempre ragione. Ma il paziente non potrà mai essere solo un cliente che viene ad acquistare la guarigione. Primo perché purtroppo di guarigioni da vendere ne abbiamo tuttora un numero limitato, secondo perché la medicina deve essere anche relazione umana, empatia, memoria. E queste non si comprano e non si vendono.»

Storico braccio destro e biografo, Alberto Costa, nel suo ultimo libro, descrive il suo Veronesi ricordando la sua attenzione quasi maniacale verso il paziente.

Il facilitatore

«"Caro Cataliotti, mi ha molto interessato il suo pensiero sull'argomento da lei trattato. È disponibile a presentarlo di nuovo al prossimo Convegno di Padova?" Umberto Veronesi.

Ho toccato il cielo con un dito e così è cominciata una amicizia, durata oltre 40 anni, fra un giovane, sconosciuto assistente universitario e il professor Umberto Veronesi. Chi nel mio mondo mi avrebbe fatto una richiesta del genere?»

Luigi Cataliotti, presidente di Senonetwork Italia, professore ordinario di chirurgia presso l'Università di Firenze e capo del Dipartimento di Oncologia dell'Ospedale Universitario Careggi.

L'uomo gentile, lo scienziato sempre avanti

«Non ho mai avuto la fortuna di lavorare a diretto contatto con il professor Veronesi in Italia. Ma in tanti eventi scientifici in giro per il mondo è nato comunque un rapporto di amicizia e di forte rispetto reciproco.

Sul piano umano, ho apprezzato molto la sua gentilezza nei modi, la serenità, la disponibilità all'ascolto.

In campo professionale mi ha particolarmente ispirato la sua capacità straordinaria di essere sempre aggiornato anche sui più piccoli progressi ultraspecialistici nella scienza oncologica e di sapere, al tempo stesso, comporre questi frammenti di informazione in una rara visione di insieme del percorso passato, dello stato dell'arte al presente e delle prospettive di sviluppo futuro.»

Riccardo Masetti, direttore del Centro integrato di senologia del Policlinico Gemelli e presidente di Susan G. Komen Italia.

Il buongustaio

«Era il 2006 quando organizzammo a Reggio Emilia, insieme alla ESO e ai chirurghi dell'Arcispedale S. Maria Nuova, una Conferenza oncologica di due giorni presso il Teatro Ariosto, splendido teatro della città. La sera stessa, in un celebre ristorante cittadino venimmo letteralmente sommersi da specialità emiliane di ogni tipo e il Professore, in grande difficoltà, dribblava praticamente tutte le portate, per mangiare alla fine, quasi di nascosto, un fritto misto di pesce fatto apposta per lui.»

Corrado Tinterri, responsabile di Unità Operativa e Director Breast Unit senologia, Humanitas Medical Care Rozzano; coordinatore del Comitato tecnico-scientifico di Europa Donna.

Il maestro

«Ho avuto la fortuna di conoscere personalmente il Professore che mi ha onorato della sua amicizia e trasmesso professionalità. Tra noi era scattata quella sensazione a pelle di reciproca stima e simpatia, anche se mi vedeva un po' come il "figlio discolo" da spronare-controllare e questo mi ha sempre reso felice e orgoglioso. Mi ha insegnato a immedesimarmi nel paziente e a vedermi in lui come in uno specchio.»

Privato Fenaroli, direttore del Reparto di senologia all'Ospedale Papa Giovanni di Bergamo.

Il motociclista

«Oltre a essere stato con lui a congressi, in reparto e in sala operatoria, le nostre strade si sono incrociate, letteralmente, anche sulla strada, in motocicletta. Un bello e buffo ricordo legato alle due ruote. Anni '80. Veronesi acquista una rombante Kawasaki 900. In verità la temeva un po' in quanto molto potente e difficile da guidare. In più allora c'era da fare il rodaggio. Ovvio che il primo a offrirsi per il capo per questa "rottura" fu il giovane Orefice. Umberto mi fa provare la nuova moto e chiede a me di farle fare i primi 3000 km. Ritiro la moto e parto; è primavera.

In una settimana li faccio e arriva sabato, giorno in cui Umberto voleva la moto per il weekend. Parcheggio il Kawa nel cortile interno dell'Istituto e porto le chiavi al Professore. Mi dice: "Sergino, come va la belva?".

"Professore, è tosta da guidare perché è molto sovrasterzante in curva e accelera a scatti, però è un gran mezzo."

"Perfetto, Sergino. La prendo nel pomeriggio. L'hai chiusa bene con la catena?"

"Professore, cosa vuole che capiti, è nel cortile interno dell'Istituto."

"Non mi fido, chiudila bene!"

"Professore, devo correre a casa, è al sicuro, stia tranquillo."

Passo dal cortile per essere sicuro... *puff*, la moto non c'era già più.

“Professore, le hanno rubato la moto!”

Mi aspettavo un’incazzatura reale!

“Sergio, ti avevo detto di chiuderla! Però, non hai detto che era pericolosa da guidare? Meglio una più tranquilla!”»

Sergio Orefice, medico chirurgo.

L’empatico

«L’immagine-ricordo più nitida che ho del Professore risale ai primi anni Ottanta quando lui era il direttore scientifico dell’Istituto Nazionale Tumori e io una giovane borsista della divisione di oncologia medica. Spesso mi capitava di incontrarlo nell’ascensore riservato ai medici: il suo saluto era sempre il suo sorriso empatico e il suo sguardo azzurro e penetrante. Quel sorriso e quello sguardo con cui infondeva fiducia nelle sue pazienti.»

Angela Moliterni, medico della Fondazione IRCCS *Istituto Nazionale Tumori, Milano.*

Il medico dal volto umano

«Voglio sottolineare la sua umanità. Ricordo le domeniche estive, nella sua casa di Mammoli (Lucca), quando decine di persone bussavano alla porta, cariche di accertamenti diagnostici ma ancor più di sconforto per la patologia neoplastica diagnosticata. Aiutavo il Maestro a mettere in ordine gli esami eseguiti. Lui li studiava e per tutti aveva un programma terapeutico ma, soprattutto, una parola di conforto.

Non scorderò mai gli occhi di quei pazienti tristi e angosciati all’arrivo, magari dopo un lungo viaggio, e gli stessi occhi brillare di speranza dopo l’incontro con il Professore.

Il tutto, naturalmente, eseguito in modo gratuito.»

Antonio Rulli, direttore della Breast Unit dell'Azienda Ospedaliera di Perugia.

Dalla parte delle donne

«Approdo al Corso intensivo di senologia di Orta S. Giulio nel 1986! Da allora cambia la mia vita, cresce e si affina la mia sete di cultura senologica, la mia professionalità diventa la mia priorità e un punto di riferimento per le donne... Si pratica e si diffonde la chirurgia conservativa del tumore mammario, contro l'"abitudine consolidata e la scarsa elasticità mentale" di quei colleghi che volevano tutti i cancri mammari trattati con la stessa mastectomia, in tutte le pazienti e per qualunque tipo di nodulo, contro l'opinione pubblica che considerava frivole e superficiali le donne che chiedevano una ricostruzione mammaria, lasciandole invece emarginate nella loro umiliazione, solitudine, elaborazione del lutto. La scuola di senologia è un luogo di fermento, di conoscenze, di esperienze a confronto e di amicizia con i colleghi delle varie specialità senologiche nelle varie realtà italiane: ci si incontra ai congressi, ci si relaziona alle conferenze, si scambiano opinioni, si cresce assieme con uno spirito rivoluzionario. Questo è stato il Prof!

Trasmetteva la voglia di fare, di andare sempre avanti, di migliorarti, per farti conoscere e spaccare il mondo! Sempre pronto a chiarire una tua problematica, darti un consiglio, spiegarti la tecnica di un intervento, l'importanza di un nuovo studio e del suo valore scientifico senza fartelo mai pesare e cercando invece di coinvolgerti sempre.»

Alba Pellegrini, chirurgo senologo all'Ospedale di Faenza.

L'ammonitore

«Lui: "Ciao"... ancor prima che io, giovane studente, potessi salutarlo. Lui: "Se questa notte hai solo dormito, hai occupato male il tuo tempo; devi pensare e proporre, solo così cresci e cresciamo!". Grande, unico, semplicemente... Lui!»

Massimo Grassi, responsabile Sezione Unità Operativa di Senologia e Breast Unit, Humanitas Gavazzeni, Bergamo.

L'innovatore

«Giuseppe, per poter cambiare le cose bisogna essere soli all'inizio: solo quando tutti capiranno il nuovo cominceranno a capire anche te. Ricorda che ospedali, carceri e scuole non sono aziende ma luoghi di crescita e avvio o ritorno alla vita!»

Giuseppe Curigliano, direttore della Divisione di Sviluppo di nuovi farmaci per terapie innovative IEO, *ha lavorato con Veronesi dal 1999 fino alla morte di lui.*

L'altro me

«Ritrovo Umberto nei gesti istintivi e in quelli più tecnici, nell'insegnamento ma anche nelle memorie di scambi di battute, confidenze, sguardi. Quando la maggioranza assoluta della tua vita è costantemente vissuta insieme a qualcuno, in un lavoro che come il nostro coinvolge e avvolge del tutto, le persone diventano parte di te e tu di loro. Umberto Veronesi ha solo cambiato forma ma non è mai andato troppo lontano da me: ancora sorrido per le dispute sulla manutenzione della macchina e per le feste di Capodanno insieme, o per la Pasqua con la ricerca delle uova per i suoi tanti, bellissimi nipoti. Si è consegnato alla memoria sapendo che nessuno di noi sarebbe stato in grado di rendere esattamente ciò che era, e per questo non posso che sorridere e dire che è parte di ciò che io sono. E viceversa.»

Alberto Luini, chirurgo senologo, co-ideatore della tecnica ROLL, *co-ideatore della Mastectomia Nipple Sparing.*

Il padre

«Come scienziato riusciva a intravedere i risultati di una ricerca clinica prima ancora che fosse terminata. Una persona capace di dare tanto e chiedere altrettanto proprio quando non te lo aspettavi.

Ricordo che poco tempo dopo aver fatto la sua conoscenza in ambito ospedaliero, mi chiese di suturare una sua cara amica che aveva appena operato; mi aveva visto fare le prime suture intradermiche che avevo voluto imparare dai colleghi chirurghi plastici. Chiedendomi di suturare, mi stava investendo di una responsabilità assai importante che apprezzai tantissimo. Era il segno che si fidava di me: ciò mi riempì d'orgoglio.

Per me non era solo una figura professionale a cui ispirarsi, era anche un padre: ha avuto un ruolo importante nel mio percorso umano e professionale. Infatti, quando decisi di sposarmi, chiesi proprio a lui se poteva celebrare il mio matrimonio, con rito civile. Mi guardò stupito, si fece una risata e mi disse: "Be', questo non l'ho mai fatto, ma per te lo faccio molto volentieri..." e spese parole bellissime per me, quasi dimenticandosi di nominare mio marito.»

Viviana Galimberti, chirurgo, dirige la Divisione di senologia allo IEO. *A fianco di Umberto Veronesi per tutta la sua carriera, una delle poche donne nello staff della senologia.*

Il capo

«L'unicità del mio rapporto con il Prof è racchiusa in quel "lei", ostinatamente mantenuto per 28 anni. È stata la mia forma di difesa dalla sua irresistibile personalità. Autonomia e autodeterminazione erano il suo credo, ma non era facile mantenere un pensiero indipendente da lui. Io ci sono riuscita? Oggi sono convinta di no. L'immortalità è vivere nel pensiero degli altri. Lo ripeteva sempre e, una volta di più, aveva ragione.»

Donata Francese, responsabile media e relazioni pubbliche allo IEO *e al Centro Cardiologico Monzino.*

L'ironico

«Abbiamo fatto molte cose insieme, cercando di trovare soluzioni terapeutiche nuove, meno invasive per il paziente. Credeva nella radioterapia e il suo aiuto è stato determinante per sviluppare le tecniche di precisione di cui oggi i pazienti dello IEO beneficiano. Spesso mi diceva che, grazie ai costanti progressi della tecnologia e dell'informatica, la radioterapia avrebbe nel tempo sostituito la chirurgia. Non so se lo pensasse realmente, perché Umberto era un uomo dotato di grande ironia, come quando spesso mi prendeva amichevolmente in giro, chiamandomi "Professore", mentre di sé diceva di essere un semplice "Dottore". In effetti Umberto, pur avendo ricevuto tante lauree ad honorem, tenuto lezioni magistrali in tutti gli atenei del mondo, insegnato a tanti medici, non ha mai ricoperto una cattedra ufficiale all'università, non so se perché non lo avesse voluto fare o per altre ragioni. A volte le vicende all'interno dell'accademia sono strane!»

Roberto Orecchia, direttore scientifico IEO.

L'amico

«Il ricordo e l'affetto che mi legano a Umberto non appartengono solo alla vita professionale (nel comitato etico dello IEO, nella nascita in Italia di Europa Donna e nel lungo lavoro preparatorio alla costituzione della sua Fondazione), ma riguardano soprattutto la sfera privata.

Non scorderò mai il viso, i suoi occhi e la sua calma quando entrava nella stanza della mia mamma, da lui operata all'Istituto dei Tumori nel 1981, e tentava di rassicurarci. Non scorderò mai la sua partecipazione e il suo sgomento quando purtroppo inaspettatamente la perdemmo dopo soli 5 mesi dall'intervento.

Così come non posso scordare un dialogo in cui condivideva la sua malinconia all'approssimarsi della fine.»

Francesca Merzagora, presidente Fondazione Onda (Osservatorio nazionale sulla salute della donna e di genere), prima presidente di Europa Donna.

Il sostenitore

«Del professor Veronesi mi hanno sempre colpito la grande lucidità e la capacità di sintesi: capiva tutto immediatamente e riusciva sempre ad arrivare al punto e mettere d'accordo tutti, voleva davvero far accadere le cose, a discapito degli eventuali ostacoli. Ha creduto in me quando mi ha messa alla guida di Europa Donna, così come ha creduto ne "La forza e il sorriso", il progetto di cui oggi sono presidente e di cui lo IEO è stato la prima struttura ospitante. Il suo sostegno non è mai mancato, anche in momenti difficili e in situazioni in apparenza inconciliabili.»

Anna Segatti, presidente de "La forza e il sorriso Onlus", seconda presidente di Europa Donna.

Libero, indipendente, di nessuno

«Umberto Veronesi non è mai stato di nessuno, meno che mai mio, e questo era il bello: la nostra differenza ci divertiva e stimolava. "Mi mancano tanto le nostre discussioni": lo disse prima che potessi confessarglielo io, negli ultimi giorni. E parlammo a lungo della sua morte: con me poteva immaginare le celebrazioni per il suo "dopo" senza che tentassi di convincerlo, scioccamente, che non si sarebbe mai verificato.»

MariaGiovanna Gatti Luini, scrittrice di narrativa e saggistica, terza presidente di Europa Donna.

Conclusioni

«In tanti vorranno sapere se in questo mio riflettere, e studiare, e impegnarmi incessantemente per tante cause ho trovato il senso della vita. Sì, ho una risposta: la vita forse non ha alcun senso. Ma proprio per questo passiamo la vita a cercarne uno. L'importante non è sapere, ma cercare.» (U.V.)

Il cancro è arrivato nella mia vita. Le circostanze che lo hanno seguito mi hanno salvato l'esistenza. Il cancro era in una fase iniziale e la ricerca e la medicina sono riuscite a debellarlo. Le circostanze, le relazioni con persone speciali, gli incontri sono stati capaci di arricchire il percorso della mia esistenza, dandole un senso, specialmente nel momento in cui la società ritiene che sia finito il tuo ciclo produttivo. Invece il ciclo del sostegno, della lotta per rivendicare i diritti delle persone più fragili, dell'aiuto e della comprensione tra donne e tra individui, non si esaurisce mai.

Se poi le circostanze ti fanno incontrare un medico che diventa il tuo mentore, ispiratore di cause positive per i diritti civili, giusto e leale, allora puoi "quasi" dire che questo nemico andandosene, in fondo, ha lasciato dietro di sé anche molte cose positive. In questa storia ho cercato di raccoglierle in modo libero così come mi sono capitate. Scrivendole, mi sono accorta che comunque tutte – anche se all'inizio non era evidente – hanno avuto un ruolo, un senso e un loro posto logico, come quando, qualche tempo fa, mi sono trovata catapultata a Bhaktapur, una delle città imperiali del Nepal. Ero in un negozietto pieno di stoffe e broccati colorati. Non riuscivo a staccare gli occhi dal meraviglioso risultato di quegli intrecci di fili e colori tutti coerenti tra di loro, sotto il sorriso della giovane proprietaria. Quell'immagine mi fa pensare oggi che tutti questi fili possono essere paragonati ai fili della nostra vita. Il loro intreccio diventa, nella nostra quotidianità, lo sfondo su cui si muovono incontri, storie, eventi ed esperienze bellissimi fino a quando, in questa armonia, entra un filo scuro, nero, opaco, senza luce, che interrompe il flusso ed è lì solo per disturbare l'armonia che abbiamo costruito sino ad allora.

Ripensando oggi a quel negozio di stoffe e a quel filo nero, che quando arriva non sai dove collocarlo, ritengo che invece possa avere un senso. Di scompiglio ne ha creato parecchio ma, se lo osservo a distanza di anni, in realtà ha fatto da cornice e ha dato un significato più profondo alla mia esistenza.

Il tumore è un incontro che nessuno vorrebbe mai fare ma, se capita, tanto vale affrontarlo insieme agli altri: i medici, la famiglia, gli amici, le altre pazienti, senza mai isolarsi. Perché il tumore è un brutto incontro ma, se affrontato insieme, il percorso per uscirne diventa sostenibile.

Per affrontarlo insieme, però, è importante avere o saper creare delle relazioni che diventino occasioni di scambio, di conoscenza, di crescita, di arricchimento in grado di aprire strade imprevedibili che fanno bene a se stessi e agli altri.

Il tumore sarà sconfitto definitivamente con la ricerca e la medicina ma, nel frattempo, lo possiamo indebolire con la lotta per ottenere ciò di cui ogni donna ha bisogno: la guida e le parole del proprio medico, una rete di sostegno di relazioni positive, una prevenzione accessibile in ogni parte del Paese, i controlli, l'accesso ai farmaci di nuova generazione e alle nuove tecnologie per facilitare il cammino verso la guarigione.

Sto scrivendo questa storia a distanza di 25 anni e da allora la mia vita è cambiata. È mutato molto di me: ovviamente la mia natura e la mia personalità sono rimaste uguali, ma sono più ricche. Molto più ricche. Per esempio, ho compreso meglio il vero senso della fragilità personale quotidiana: ogni giorno dopo queste malattie sei a rischio, quindi ogni nuovo giorno è un regalo. Ho imparato il gusto e il valore delle piccole cose insieme all'accoglienza dell'altro: ogni persona ha il proprio lato positivo, basta avere il tempo e la voglia di scoprirlo. E in quel momento sai che alla fine anche un semplice sorriso funziona e risolve. Il tempo non è infinito, quindi è importante essere consapevoli della sua limitatezza: non ne resta molto da sprecare, meglio scegliere dove destinarlo nel modo più generoso possibile.

Oggi so cos'è la con-passione per l'altro che soffre: vedere, incontrare quotidianamente la sofferenza, essere consapevole di ciò che sta attraversando l'animo della persona che hai di fronte, ti rende partecipe del suo dolore. Infine, è importante capire, apprezzare e imparare dalla forza dell'altro: è sorprendente assistere alla voglia e alla determinazione di abbattere il male che nasce nelle donne, anche quando questo diventa cronico e continua a vivere con loro.

Ho ritrovato e riscoperto i valori con cui sono cresciuta, quelli che mi hanno trasmesso i miei genitori e che non mi avevano abbandonato mai: li ho semplicemente ritrovati lì dove li avevo lasciati qualche anno prima.

So vedere ancor meglio gli sforzi dei miei figli nell'affrontare le paure, le sfide e le opportunità che la vita pone loro davanti e so come affiancarli con l'amore che solo le madri sanno dare.

APPENDICE

Europa Donna
La storia del Movimento

L'idea iniziale

Nel 1990 negli Usa l'attività della National Breast Cancer Coalition aveva raccolto un tale consenso presso l'opinione pubblica e le Istituzioni sanitarie da spingere il Congresso americano non solo a distogliere alcuni fondi già stanziati per la difesa militare, ma a triplicarli a favore della lotta contro il carcinoma al seno.

Il professor Umberto Veronesi capì immediatamente le potenzialità e i vantaggi che un'azione di *advocacy*, gestita direttamente dalle donne coinvolte, avrebbe portato nella lotta contro quel tipo di tumore, che aveva ormai raggiunto numeri esorbitanti fra le patologie oncologiche, e pensò immediatamente a un'organizzazione europea che coalizzasse la popolazione femminile nella lotta contro il tumore alla mammella.

Secondo Veronesi era arrivata l'ora di una grande mobilitazione per convincere non solo i governi e le loro autorità e Istituzioni sanitarie, ma anche il Parlamento di Strasburgo, che il problema del tumore al seno occorresse affrontarlo con misure radicali.

Nel febbraio del 1993 Gloria Freilich, fondatrice della principale organizzazione di supporto alle donne del Regno Unito, fu invitata a Parigi a partecipare al Congresso della Società Europea di Mastologia (Eusoma), gli specialisti europei del tumore al seno. Alla fine, Umberto Veronesi fece un annuncio a sorpresa: dichiarò che stava per nascere Europa Donna, una nuova coalizione contro il tumore al seno e che il suo primo Presidente sarebbe stata proprio Gloria Freilich.

La risposta delle rappresentanti delle associazioni delle pazienti di Italia, Germania, Belgio, Austria, Svizzera e Regno Unito fu entusiastica e immediata: un piccolo gruppo di donne di vari Paesi europei iniziò a porre le basi per quella nuova associazione immaginata e voluta dal Professore, concordandone i principali **obiettivi**.

Rendere le donne consapevoli dell'importanza della prevenzione attraverso la pianificazione degli screening mammografici; diffondere informazioni corrette e aggiornate sul tumore del seno; migliorare gli standard di diagnosi e di cura con l'accesso a percorsi multidisciplinari in tutte le fasi della malattia; spingere per un'adeguata preparazione del personale medico e sanitario; regolare il controllo di qualità delle procedure diagnostiche e cliniche; promuovere la ricerca sul tumore al seno; costruire una partnership con la comunità scientifica attraverso un'azione di lobbying con i politici europei e nazionali.

Da quel giorno Europa Donna si è affermata e consolidata in 47 Paesi anche grazie all'importante supporto della Scuola Europea di Oncologia (ESO) e del suo direttore Alberto Costa.

Risultati ottenuti

A **livello europeo** si è ottenuto che, con le raccomandazioni del 2003 e del 2006, gli Stati membri dell'Ue assicurino l'organizzazione di Centri di Senologia Multidisciplinari specializzati (Breast Unit), secondo le linee guida emesse da Eusoma; nel 2008 l'istituzione, il 15 ottobre, della Giornata Europea per la Salute del Seno – Breast Health Day – e la possibilità di partecipare concretamente all'attività della Commissione Europea sul tumore al seno, finalizzata a redigere le linee guida europee sullo screening e la cura.

A **livello italiano** Europa Donna Italia inizia un vero e proprio percorso di riconoscimento delle oltre 150 associazioni della sua rete, ottenendo il rimborso della ricostruzione del seno dopo la mastectomia, l'adozione dello screening mammografico biennale per le donne tra i 50 e i 69 anni, il riconoscimento del diritto alla trasformazione del rapporto di lavoro da tempo pieno a tempo parziale per le lavoratrici del settore pubblico, l'inserimento del linfodrenaggio post-operatorio nei livelli essenziali di assistenza (LEA).

Europa Donna dà un contributo significativo all'indagine conoscitiva promossa dalla Commissione Igiene e Sanità del Senato attraverso una ricerca sul tumore al seno, affidata a ISPO, che porta il Senato ad approvare all'unanimità una mozione (n. 399), la quale impegna il Governo a realizzare i Centri di Senologia. A seguito di ciò il Ministero della Salute istituisce un gruppo di lavoro che redige le linee di indirizzo per l'organizzazione della rete dei Centri di Senologia, rendendo l'Italia il primo Paese europeo a dotarsi di una legge che regola queste strutture, mentre Europa Donna ottiene che le rappresentanti delle associazioni pazienti partecipino alle commissioni regionali sulle Breast Unit di Liguria, Sicilia, Umbria e Lazio.

Europa Donna da una decina d'anni ha lanciato la prima indagine nazionale sui bisogni delle donne che convivono con il tumore al seno metastatico; da qui si sono susseguite numerose iniziative a supporto di queste pazienti, che prima erano per lo più ignorate dall'opinione pubblica, dalla comunità scientifica e dalle Istituzioni.

Per le pazienti con mutazioni BRCA, si avvia un'operazione di sensibilizzazione della Regione Lombardia, seguita negli anni successivi da altre 7 Regioni, che ha portato alla delibera dell'esenzione dal ticket per gli esami diagnostici.

Da alcuni anni è iniziato un programma nazionale di formazione per le associazioni con il primo corso di Management per il Terzo settore in Senologia realizzato con l'Altems (Alta scuola di Economia e Management dei Sistemi sanitari) dell'Università Cattolica. La collaborazione con le Istituzioni regionali continua presso gli Assessorati alla Salute di diverse Regioni per la realizzazione di campagne locali di informazione sulle Breast Unit del territorio.

Ringraziamenti

A Loredana Castellini, senza la cui professionalità, cura, ricerca e affetto questo libro non avrebbe potuto essere così ricco di riferimenti storici. Mi ha dato il suo appoggio per anni e anche in questa occasione è stata al mio fianco.

A Lucia e Giusi, storiche assistenti del Professore, per avermi aiutato a ricostruire persone e circostanze significative per il racconto.

Indice

Finito di stampare presso Grafica Veneta S.p.A.
Via Malcanton, 2 – Trebaseleghe (PD)